新書

岡本茂樹
*OKAMOTO Shigeki*

# 反省させると犯罪者になります

520

新潮社

# まえがき

悪いことをした人を反省させると犯罪者になります。

そんなバカなことがあるか。悪いことをしたら反省させるのが当たり前じゃないか、と思われるでしょう。それは、疑う余地もない世間の「一般常識」なのですから。

しかし繰り返しますが、悪いことをした人を反省させると、その人はやがて犯罪者になります。自分自身が悪いことをして反省しても、同じ結果です。つまり犯罪者になります。

ここでも反論があるでしょう。私たちの大半は、反省しても刑務所に行くことはありません。しかし、今一度自分の胸に手を当てて考えてみてください。大きな犯罪は起こしていなくても、軽微な犯罪をしていませんか。たとえば、友だちから借りた本やお金を返さなかったり、公的な場所（たとえば、学校や会社）にあった文具類を持ち帰って元に戻さなかったりした人はいないでしょうか。

こうした行為は、窃盗という犯罪です。ほとんどの場合、自分から申告しないかぎり見つかることはなく、たとえ発覚しても罪に問われることもないでしょう。もし発覚しても、「不注意でした。本当にすみません」と言って終わります。しかし、私が問題視したいのは、ここなのです。「悪いことをする」→「『すみません』と言って反省する」→「終了」というパターンなのです。

1度か2度くらいなら、本当に不注意でしょう。しかし、こうしたことが何度も繰り返されるなら、本人が向き合わないといけない内面の問題があるかもしれません。それなのに、ただ反省させることを繰り返すと、ますます内面の問題が分からなくなるばかりか、かえって大きな犯罪を起こすリスクを高めてしまいます。そして、本書で私が重視しているのは、もちろん軽微な犯罪ではなく、反省することが当たり前となった結果として起きる「重大な犯罪」のケースです。

それでも異論がある人はいるでしょう。「私は不注意が多いが、重大な犯罪を起こすとはとうてい思えない」と。しかし、はたしてそう言い切れるでしょうか。たとえ自分自身が重大な犯罪を起こさなかったとしても、先に述べたパターンを繰り返していくと、自分の育てた子どもが非行や犯罪に走るかもしれません。あるいは自分の子どもでなくても、自分の子どもの子ども（孫）が大きな犯罪を起こすかもしれません。あるいは、ひ孫が……。

言いたいことは、このパターンを続けているかぎり、自分の家系のいずれかの世代で、誰かが重大な犯罪を起こす可能性があるということです。したがって、誰かがどこかの時点で、「悪いことをしたら反省させる」という育て方を止めなければならないのです。

ならば当然、悪いことをしたら反省させてはいけないのか、という疑問が出てくるでしょう。反省させてもかまいませんが、条件があります。反省させる以前に、しないといけない「大切なこと」があるのです。この「大切なこと」が欠けていると、犯罪者が生まれます。「大切なこと」は本書で次第に明らかにしていきます。重要なのは、問題行動が起きたとき、厳しく反省させればさせるほど、その人は後々大きな問題を起こす可能性が高まるということです。この点は押さえておいてください。

悪いことをして、何度も反省させられて、最後に犯罪を起こしてしまう者の「代表者」が、刑務所に収容されている受刑者です。受刑者は、幼いときから周囲の者に何度も叱られ、反省を繰り返しています。それでも、また悪いことをするのです。それがエスカレートした結果が犯罪です。問題行動を起こしたとき「すみませんでした」「二度とやりません」などと涙を流して固く誓っておきながら、同じ過ちを繰り返し、最後に犯罪を起こすのです。

現在、私は殺人などの重大な犯罪を起こした受刑者が収容されている刑務所において、受刑者に個人面接をしたり更生のためのプログラムをつくって授業をしたりしています。対象となる受刑者の大半は殺人犯で、覚醒剤を常用して殺人を犯した者も少なくありません。極めて重大な犯罪を起こして世間を騒がせた無期懲役受刑者もいます。長年、受刑者の更生を支援するなかで分かってきたことは、彼らを更生させるためには、実は「反省させてはいけない」ということです。私は彼らに反省を求めません。反省を求めない方法で個人面接や授業を進めていくうちに、彼らの多くは反省していきます。反省させようとする方法が受刑者をさらに悪くさせ、反省させない方法が本当の反省をもたらすのです。このことを、受刑者を支援するなかで、私自身が受刑者から教えてもらいました。それを本書で明らかにしようと思います。

ここで、刑務所のことについて基本的なことを説明します。刑務所は、どこも同じと考えると大間違いです。犯罪の種類（窃盗、薬物使用、性犯罪や殺人など）や犯罪の進度（軽微か悪質か、初犯か繰り返し犯罪を起こしているか）によって、収容される刑務所は異なります。基本的に、すべての受刑者は、AとBという「指標」（受刑者の犯罪傾向を表す記号のようなもの）に分類されます。Aは初犯など犯罪傾向が進んでいないことを、Bは何度も犯罪を重ねて犯罪傾向が進んでいることを表します。刑期が10年以上の場合、AとBの前にL（Long の略）という指標が付けられます。無期懲役受刑者は当然10年以上の刑期となるので、通常彼らはLA指標かLB指標の付いた刑務所に収容されます。私はB指標とLB指標の2ヶ所の刑務所に務めていますが、LB指標の付いた刑務所が日本で一番凶悪な犯罪を起こした受刑者が収容されている刑事施設ということになります。

刑務所における私の立場を言うと、刑務官ではなく、外部の支援者となります。具体的には、B指標の刑務所ではスーパーバイザー（職員らに対して指導・助言をする役割）として、LB指標の刑務所では篤志《とくし》面接委員（民間の篤志家のこと）として、受刑者にかかわっています。立場が変わっても、直接受刑者を支援しているという点で違いはありません。矯正《きょうせい》関係者の間では、Aの指標に比べて、Bの指標の付いた受刑者は「矯正が極めて困難」などと言われています。LB指標となれば、「矯正不可能」と絶望視されています。しかし、そんなことはありません。受刑者との間に信頼関係をつくり、ちゃんとした手順を踏めば、彼らは更生への意欲をもち始め、立ち直ることができます。その手順が、「反省させないこと」なのです。反省させるから、悪い受刑者がさらに悪くなるのです。このことは最初に強調しておきます。

次に、私が受刑者の更生を支援するようになった経緯を紹介しておきます。私は大学で働くようになってから、教員をするかたわら学生相談も兼務することになりました。今の大半の学生は、とても真面目で、素直です。そんな学生がしばしば、心に病を抱えているのです。相談に来た彼らの話に耳を傾けると、問題の根が深いケースほど、必ずと言っていいほど幼少期の問題にたどりつき、親子関係のなかでさまざまな感情を抑圧していることが分かりました。幼少期に自分の欲求を出すことを許されず、それどころか反省させられていたケースが少なくなかったのです。

また、さまざまな理由で、素直な気持ちを言えず自分の感情を抑圧している学生もいました。彼らに本当の気持ちを話すように促すと、彼らは親に対する否定的な感情を思い切り吐き出したのです。すると、はじめて自分の思いや感情を表現したことによってすっきりした気持ちになり、気持ちが楽になったことで、自分の内面の問題を学生自らが理解するようになりました。同時に、否定的にみていた親に対する見方も変わり、彼らの悩みは解決したのです。事例によってさまざまなパターンがありますが、基本的な流れは、吐き出しによる自己理解から始まって、自分の内面と向き合うことによって主訴が改善していくということです（詳しくは、拙著『ロールレタリング　手紙を書く心理療法の理論と実践』〔金子書房　２０１２年〕を参照してください）。

彼らを支援するなかで明らかになったことの一つは、問題を抱えた人は、幼少期の頃から親に自分の言い分を聞いてもらえず、言いたいことを言おうものなら、すぐさま親から「甘えるな」「口答えするな」と反省させられ、否定的な感情を心のなかに深く抑圧していることです。したがって、否定的感情を外に出すことが、心の病を持った人の「回復する出発点」と考えるようになりました。

私のカウンセリングの方向性が固まり始めたとき、知り合いの方から「刑務所で受刑者の支援をやってみないか」と声をかけてもらいました。受刑者は、ある意味、最も問題を抱えた人と言えます。したがって、受刑者は心のなかに大きな否定的感情を抱えているのではないかと考えました。その点で、私がやってきた支援のあり方は、受刑者の更生にも活かせるのではないかと思い、すぐに引き受けました。

私の考えは的中していました。受刑者は何度も反省させられた過去があり、さまざまな感情を抑圧していたのです。

私が刑務所で支援を始めた頃、刑務所内で行われていた教育は「反省させる」方法でした。具体的には、被害者遺族の悲痛な思いを訴えるビデオを受刑者に視聴させ、彼らに感想文を書かせるといったものです。感想文を読むと、「本当に申し訳ありませんでした」「二度と過ちを繰り返しません」といった画一的な内容で、心から謝罪している思いはまったく伝わってきませんでした。

そんなとき、30代の殺人を犯した受刑者と面接する機会がありました。彼の話にじっくり耳を傾けると、自分が殺害した被害者に対して否定的感情を持っていることが分かりました。「あいつ（被害者）さえいなければ、自分はこんな所（刑務所）に来ることはなかった」と激しい口調で語りました。そこで私は「被害者に対して、謝罪するのではなく、手紙の形で本当の気持ちを書いてくださいませんか」と課題を提示したのです。

後日、彼は被害者に対する手紙を持参して、私の面接を受けました。文面には、書き出しから被害者に対する否定的感情が書かれていましたが、後半からは、「思い切り言いたいことを書いてみて、はじめて私はとんでもないことをしたことに気づきました。理由はどうあれ、私があなたの命を奪ったことは事実です。私のしたことはけっして許されることではないことに今頃になって気づきました」と記され、文面の最後には「何と言って謝っていいか分かりません。私はなんということをしたのだろう……。本当にごめんなさい。本当にごめんなさい」と締めくくられていました。

その後、彼は幼少期に酒を飲んで暴力を振るった父親や養育を放棄した母親に対する否定的感情を手紙の形で数通書き、誰にも話したことのない怒りや憎しみを吐き出して、気持ちを整理していったのです。彼はみるみる変わりました。面接当初は険しい顔つきだったのが、とても穏やかな表情になったのです。心のなかにつまっていた否定的感情をすべて吐き出して、すっきりした気持ちになるのと同時に、被害者に対する謝罪の気持ちも深まっていったのです。彼を支援したことによって、私の受刑者に対する支援の方向性が明確になりました。すなわち、受刑者の支援をするうえでも、「反省させてはいけない」のです。

受刑者の支援をするなかで、受刑者の心の問題は、社会にいる私たちの心の問題とも無縁ではないことに気づきました。むしろ受刑者のことを知ることは、彼らの問題行動が殺人や覚醒剤といった極端な形で表れているだけに、私たちの身の回りで起きる心の問題をクリアーにしてくれます。私たちが日常的に行っている「しつけ」や「教育」が、実は子どもや若者たちを犯罪者にしている側面があるのです。現在、生き辛さを抱えている子どもや若者たちは少なくありません。彼らに生き辛さをもたらす大きな要因の一つが、日常的に行われている「反省させること」にあるのです。だからこそ、子育てや教育のあり方を、今こそ根本的に考え直さないといけないのです。

皆さんは、悪いことをしたときに、反省していませんか。「すみませんでした」とひたすら謝罪していませんか。「もう二度とやりません」と固い決意を口にしたことはありませんか。また、親であれば、子どもから反省の言葉を引き出そうとしていませんか。反省や謝罪の言葉を言えばいいと思っていたり、悪いことをしたら反省させるのが当然だと思い込んでいたりする方は、ぜひ本書を最後まで読んでください。正しいと思っていた価値観が人を追い詰め大変な生き辛さを生ませていたり、逆に間違っていると思っていた考え方が健康的に生きるために必要なことであったりすることに気づきます。今、子どもが非行をして悩んでいる方や、これから子育てをしようとする方にも、本書はお役に立てるものと信じています。学校の生徒指導に取り組まれている先生方にもぜひ読んでいただきたいです。

繰り返しますが、悪いことをした人を、反省させると、犯罪者になります。

このように書きながら、少し言い訳することをお許しください。反省させると「犯罪者になる」と述べましたが、犯罪とは違った形で問題が表面化する場合もあります。「心の病」です。なぜ心の病になるのかについては本書のなかで説明しますが、心の病といって、第一に思い浮かぶのは「うつ病」です。警察庁が発表したデータによると（警察庁生活安全局生活安全企画課「平成22年中における自殺の概要資料」２０１１年）、日本人の自殺者は１９９８年から連続して3万人を超え、そのなかの多くの方がうつ病を患っていると言われています。自殺は、その字が示すとおり、「自らを殺すこと」です。そう考えると、自殺も「犯罪」という側面をもっています。

一言で言えば、犯罪は人間の心のなかにある「攻撃性」が表出したものです。攻撃性が外に向かうと殺人といった被害者を生み出す犯罪となり、内に向かうと自らを傷つける自殺という形になります。うつ病で苦しんでいる方は、「自分はダメだ」「私なんか死んだ方がいい」などと自分を責め続け（言い換えれば、厳しく自分を反省して）、心の病に陥ってしまう場合が多くあります。今、実際にうつ病で苦しんでいる方には大変失礼な言い方になりますが、自分を責めた結果として心の病にかかることは、自分の命を自ら奪うという行為に及ぶ可能性があるのです。そういう行為に及ばないためにも、「反省」が心にどういう影響を及ぼすのか、本書を通じて考えてほしいのです。

なお、本書に登場する若者や受刑者はすべて架空の人物です。架空の人物ですが、私が大学や刑務所で支援してきた者をモデルにして、本人と特定できないように大幅に修正してあります。

机上の空論ではなく、実際に刑務所で受刑者の更生を援助するなかでみえてきた真実から、社会にとって本当に有効な施策とは何か、私なりの考えを提示したいと思います。

反省させると犯罪者になります――目次

# 第1章　それは本当に反省ですか？

## 2度の接触事故を起こした時の私の本音

最初に私の体験から書かせていただきます。この原稿を書き始める前、私は短期間で2度も自動車の接触事故を起こしてしまいました。1度目は、仕事を終えて、夜遅くにコンビニで買い物をした後、駐車場から出ようとして自分の車をバックしようとしたとき、止まっていた車に後ろから当ててしまったのです。相手の車には運転手が乗っていました。夜に起きたことであり、また私の車も相手の車も黒であったことも重なって、私は相手の車の存在にまったく気づかなかったのです。

止まっている車に当てたのですから、100％私が悪いのです。幸い、車から降りてきた相手の方は優しく、私のミスをとがめることはありませんでした。ここで言いたいことは、そのときの私の行動と心理状態です。私は自分の不注意であることは分かっていたので、ひたすら「申し訳ありませんでした」「本当にすみません」という言葉を連発しました。しかし内心では、このとき相手に対する「謝罪の気持ち」は湧いてきませんでした。

実は、この日は学生の卒業論文の提出期限が迫っていて、提出間近になってレポートのような「論文」を書いてくる何名もの学生に対して、怒鳴りたい気持ちを抑えながら何時間も指導した後だったので、私自身の精神状態が不安定だったのです。要するに、怒り心頭の状態だったのです。私は心のなかで「なんで、もっと注意しなかったのだろう」「あ〜あ、ついてないなあ……」「だいたい、あいつら(学生たち)がちゃんと論文を書かないから、こんなことになったのだ!」「しかし、相手の人が優しい人でよかった」「保険会社に連絡をしないといけなくなった。疲れているのに、こんな夜遅くに面倒だなあ」といったことが、次から次へと浮かんできました。

繰り返しますが、私の頭のなかには、「相手に対して申し訳ないことをした」という思いは、このときはまったくありませんでした。それにもかかわらず、相手に対して、「すみませんでした」「本当にごめんなさい」という言葉をひたすら言い続けているのです。表向きは相手に対して誠心誠意、謝罪の態度を示しながら、心のなかは自分自身のことしか考えていないわけです。後で冷静になって考えてみれば、相手の方は車を修理に出さないといけなくなるわけですから、大変な迷惑をかけることになるのです。しかし、そのことに考えが及ぶのは、「後で冷静になってから」なのです。

２度目の接触事故は、朝起こしました。場所は、私が勤務している大学の近くにある駐車場内です。私が車を止めようとしたところ、隣に止まっていた車にぶつけてしまったのです。今回も完全に私の不注意です。そのときは現場に相手がいなかったので、私は「謝罪の言葉」を記したうえで、連絡先として私の携帯電話の番号を書いたメモを相手の車のワイパーに挟むことにしました。すると午後になって先方から電話が入り、私は時間をとって相手先の職場に出向きました。幸いなことに今回も相手は優しい方で、「たいして気にしていませんから」と逆に私のことを気づかってくれました。このときも私はひたすら謝罪の言葉を繰り返しました。しかし心のなかでは「今回も優しい人で本当によかった」「しかし、また保険会社に連絡か。まいったなあ……」といったことを考えていました。

実は、この日に事故を起こしたのにも「私なりの理由」があるのです。私の大学では、基本的に月に2回、会議が昼から夜遅くまで続く日があって、それがちょうどその日だったのです。私は朝から憂鬱で、「今日も長時間の会議があるのか……」とずっと暗い気分でした。したがって、心のなかでは「くそ！　そもそも何で月に2回も長時間の会議があるんだ！　会議があるから不注意になったんだ！」と自分が起こした事故を棚に上げて、会議に責任転嫁する言葉を頭のなかで繰り返していました。今回も相手には謝罪の言葉を言いながら、本心は自分への言い訳や不快感でいっぱいでした。

言うまでもなく、2回とも接触事故を起こしたのは私の不注意が原因です。だから全面的に私が悪いのです。しかし事故を起こしたときの私の態度と心中はまったく異なっています。相手に謝罪の言葉を繰り返しながら、相手に対して悪いことをしたという思いは、少なくとも接触事故を起こした直後には私の心には浮かびませんでした。これは私が異常なのでしょうか。

## 「後悔」が先、「反省」はその後

私は、大学の授業で犯罪心理を教える際、「加害者」の心理を学生に想像させることにしています。学生は、被害者の心理は多少なりとも想像することはできても、加害者の心理はほとんど理解していません。そこで授業では、いろいろな具体例を挙げて、加害者の心理を考えさせています。たとえば、次のような例はどうでしょうか。

あなたは20歳の大学2年生です。今通っている大学はもともと第一志望の大学ではなく、授業にまったく関心をもつことができませんでした。次第に授業を欠席するようになりました。自分から積極的に人に話しかけることが苦手で、大学では友だちをつくることができませんでした。また、大学に入学するのと同時に下宿生活を始めたので、授業を休んでも、誰も文句を言う人はいません。部屋に1人でずっといるのが苦痛なので、あなたは居酒屋のアルバイトに力を入れるようになり、バイト先の友だちと仲がよくなりました。当然、休日はバイト先の友だちと遊ぶようになります。ある日、居酒屋でいっしょに酒を飲んでいると、バイト先の友だちが「気持ちがよくなるから、これをあげるよ」と言って、大麻の入った袋をあなたに渡しました。あなたは何度も断ったのですが、あまり断ると相手から嫌われるのではないかと思い、大麻の袋を持ち帰りました。違法であることは分かっていながら好奇心もあったので、下宿で暇なときに一度使ってみました。しかし、気持ちがよくなるどころか気分が悪くなったので、それ以降大麻を使うことはありませんでした。大麻の袋の処分に困ったので、とりあえず机の中にしまっておきました。その後、バイト先の友だちとは何となく気まずくなり、バイト先では友だちを避けるようになって、結局アルバイトも辞めてしまいました。しばらくして別のアルバイトを始め、前のバイト先の友だちのことを忘れかけた頃、あなたの下宿先にパトカーが止まりました。あなたの前に立っている刑事が「ちょっと警察に来てほしい」と言って、あなたをパトカーに乗せました。横には父親と同じ年齢くらいの刑事が座っています。あなたは今、どんな気持ちですか。

上記の文面を読ませた後、学生たちに「あなたがこの人の立場だったら」と問うと、いろいろな回答が返ってきます。「なぜあのときはっきりと断らなかったのだろう」「バイト先の友だちと付き合わなければよかった」「机の中にある大麻の袋を処分しておけばよかった」「これからどうなるのだろう」「怖くて仕方がない」「時間が戻ればいいのに」「親にバレたら、メチャクチャ叱られるだろうな」「もしかしたら、刑務所に行くことになるのだろうか」「居酒屋なんかでバイトするから、こんなことになったんだ」「そもそもあの大学に入ったことが間違いだった」といったところです。学生たちは共通して、後悔する気持ちを一番に訴え、それ以外にはこれからの不安や恐怖といった感情を述べます。自分が違法行為をしたことに対する「罪の意識」を語った学生はこれまでのところ皆無です。

もちろん誘いを断れず、大麻を使ってしまった「あなた」が悪いのです。だから反省しないといけないのですが、最初に頭に浮かんでくる思いや感情は、たいていは「後悔」なのです。念のために言っておきますが、「後悔」と「反省」はまったく違います。悪いことをしてバレたときの人間の心理は、反省とはほど遠いのです。

## すぐに「反省の言葉」を述べる加害者は悪質

重大な犯罪が起きたとき、新聞やテレビのニュースで、「まだ容疑者は反省の言葉を述べていません」「残虐な事件を起こしておきながら、まったく反省している様子はありません」といった言葉をよく耳にします。こうした報道を聞くと「あんなひどいことをしたのに、反省していないなんて、なんてひどい奴だ」「絶対に許せない」と怒りを覚えたことのある人は多いのではないでしょうか。

しかし、これまで述べてきたように、自分が起こした問題行動が明るみに出たときに最初に思うことは、反省ではありません。事件の発覚直後に反省すること自体が、人間の心理として不自然なのです。もし、容疑者が反省の言葉を述べたとしたら、疑わないといけません。多くの場合、自分の罪を軽くしたいという意識が働いているか、ただ上辺だけの表面的な「反省の言葉」を述べているにすぎません。そのように考えると、犯罪を起こした直後に「反省の言葉」を繰り返す犯人（容疑者）は、反省の言葉を述べない犯人よりも、「より悪質」という見方ができます。もちろん捕まったショックが大きくて落ち込んでしまい、謝罪の言葉しか浮かばないという場合もあるでしょう。しかしその言葉も反省とは違います。あえていえば、やはり後悔です。とりあえず「すみません」と言っておこうという点では、私が接触事故を起こしたときの言動と心理的に大差はありません。

それなのに、なぜメディアは先に述べたような報道をするのでしょうか。最大の理由は、「人は悪いことをしたら反省することが当たり前」という考えが大半の人の心に刷り込まれているからです。悪いことをしているのに、まったく反省していないから、報道する側としては、「許せない奴」として大きく取り上げるのです。そうすると、表現は悪いですが、「面白い記事」になるわけです。面白いから、読み手も「けしからん」と思いながら、さらに事件に興味をもつようになり、報道がますます過熱していきます。

その結果、犯人の生い立ち、犯人を取り巻く過去や、現在の周囲の人の話が掲載されることになります。語られた犯人の生い立ちが「かわいがられて育った」とか「裕福な家庭だった」など、犯罪とは無縁と思えるような環境であったり、周囲の人が「おとなしい人でした」「真面目な人なのに」「礼儀正しいあの人が、なぜ」と犯人の人間像が残虐な犯行とはほど遠い内容であったりすればするほど、私たちはますます「なぜだろう」と関心を寄せることになります。そうしてテレビの視聴率が上がり、新聞や雑誌もよく売れるのです。

### 加勢大周は「反省」していたのか

２００８年に俳優の加勢大周さんが覚醒剤の所持の容疑で逮捕されました。報道によると、「東京地検に身柄を送られた加勢容疑者は、警視庁の調べに対して『自分が弱かった』などと話し、反省している様子で、自分がレギュラー出演していたテレビ番組のことを気にしている」（２００８年10月６日配信、日テレＮＥＷＳ24）とありました。

これを読んで、私たちは「ああ、反省しているんだなあ」と納得するわけです。しかし、ここまで本書を読まれた方なら分かるように、彼の言葉は「反省」ではありません。

確かに、自分が出ていたテレビ番組の関係者に「迷惑をかけた」との思いを持っていたことは容易に想像できますが、加勢さんが違法行為をしたことへの罪の意識をこの時点で抱いているとは思えません。「周囲に迷惑をかけた」と言って謝罪する気持ちと、「覚醒剤を使用した自分自身の罪を考えること」とは違います。「自分は本当に悪いことをした」と心から思えることは、そんなに簡単ではありません。

報道からは、加勢さんは「自分が弱かった」から覚醒剤に手を出したと考えていることが理解できます。刑務所で私が、覚醒剤を使用した受刑者に授業をするとき、「自分が弱かったから覚醒剤を使ったと思っている人はいますか」と質問することがあります。すると、10名の受刑者がいれば半数近くの者が手を挙げます。しかし、ちょっと考えてみてください。「自分が弱かった」という理由は、とても曖昧な表現です。したがって、私は掘り下げていきます。「自分が弱いから覚醒剤を使った」ということをスタート地点にしてはいけないと思うからです。なぜなら、「人間は皆、弱い」からです。でも、当たり前のことですが、弱くても、大半の人は覚醒剤を使いません。したがって、受刑者は「自分が弱いことで覚醒剤を使用した」意味を考えないといけません。その意味を考えることが、自分の内面と向き合うことなのです。自分の内面と向き合うところから始めないかぎり、覚醒剤という「強敵」と手を切ることなどとうていできません。

## 少年院経験者は「反省の技術」がうまくなる

少年が犯罪を起こせば鑑別所に、大人が犯罪を起こせば拘置所に入れられます。その後、少年は「審判」を受けて、少年院に送致するのか家庭に返すのかなどの処遇が決められます。一方、大人は「裁判」を受けて、有罪か無罪か、そして有罪の場合、量刑はどうなるのかが決められます。そして、殺人などの重大事件を起こした者は、市民が参加する裁判員裁判で裁かれます。

それでは、審判や裁判を目前に控えた、鑑別所や拘置所に入所している少年や大人はどのような心理状態なのでしょうか。すべてとは言いませんが、大半の者は「早くここ（鑑別所や拘置所）を出たい」「自分の刑が軽くなってほしい」と考えています。「悪いことをしたのに、なんてことを考えているのか」と怒りの声が聞こえてきそうですが、事実はそうなのです。

札幌少年鑑別所で行われた興味深い研究データがあります。鑑別所に入所している少年に対して、「迷惑をかけた人リスト」を作って、「迷惑をかけた人」に対して手紙を書かせようという主旨の研究です（矢ヶ崎道人・小野陽子・尾崎知世「意図的行動観察：ロールレタリングを通してみた被害者に対する少年の認知について」『矯正教育研究』第55巻　日本矯正教育学会　２０１０年）。「迷惑をかけた人リスト」を作ることからも分かるように、鑑別所に入所した少年は反省しているものだという思い込みがあることが感じられます。同時に、後の研究の結果をみると被害者に対して反省しているのは当然と考えていることもうかがわれます。ちなみに、ロールレタリングとは、架空の形で「私から相手へ」の手紙を書いたり、ときには「相手から自分へ」の手紙を書いたりすることによって、自己・他者理解を図る心理技法です（この技法については、第3章で取り上げます）。研究結果をみると、「迷惑をかけた人リスト」の上位に被害者を記した者は少なく、「予想外であったが約8割の少年は、被害者よりも父母や友人を上位に挙げている（傍点筆者）」と記されています。

　研究を実施した矢ヶ崎らは「予想外」と書いていますが、予想外ではありません。当然の結果です。親や友人に対して「格好悪い」「今度会うときは、どんな顔をして会えばいいのだろうか」「また親を悲しませることをしてしまった」などと考えるのが審判前の彼らの本音です。被害者のことまで考えられるのは、ずっと先なのです。私は、失礼ながら、この研究に着手した方々の見識を疑わずにはいられません。

もう一言、この研究に苦言を呈します。考察の続きで矢ヶ崎らは「少年院で教育を受けた少年とそうでない少年のロールレタリングを比べると、前者のロールレタリングは、文章としての水準、被害者への関心のいずれも高い」と述べ、少年院入院歴のある者の方が「被害者に迷惑をかけたことをすぐに自覚できるのであろう」と指摘しています。「見当違いもはなはだしい」と言わないではいられません。少年院入院歴のある者は、何度も少年院で指導を受けているので、皮肉なことに「反省文」を書くことに慣れている場合が多いのです。読み手が評価する文章を心得ている少年もいます。こうした少年の心理に指導者が気づいていないことを私は案じます。鑑別所に入った者は反省しているのは当たり前と考えたい気持ちは分かりますが、事実は異なるのです。

たとえば、仮に私たちが犯罪を起こしたとして、鑑別所か拘置所に入ったときの自分自身の気持ちを想像してみてください。悪いことをしたことは認めるとしても、被害者のことを考えるよりも、自分自身のことを考えることで必死なのではないでしょうか。自分の刑が軽くなるために、裁判でどのように話そうか、どう言えば裁判員によい印象を与えられるだろうか、といったことを常に考え、弁護士といっしょに対策を懸命に考えるのではないでしょうか。施設に入るのか家庭に戻されることを許可されるのか、重大事件を起こした場合には死刑なのか無期懲役になるのか、悪いことをしたとはいえ、自分の「人生」が決まるわけですから、被害者のことよりも自分自身のことを優先するのは、人間の心理として自然な流れなのです。

幼少の頃のことを思い出してください。親が怒るような悪いことをしたとき、できるだけ親から叱られないようにするため、どうすればいいか悩んだことはないでしょうか。もちろん親から叱られるような些細なことと犯罪とは比べられませんが、人間の心理としてはつながっています。罰はできるだけ受けたくない。受けるとしても罰はできるだけ軽いものであってほしい。それは人間の本能なのです。

## 被告は裁判でウソをつく

こうした心理的な事実が明白にあるにもかかわらず、今の日本の裁判では、「反省していること」が量刑に影響を与えるのはなぜなのか私には理解できません。大半の被告人は裁判でウソをつくのです。

2件の殺人事件を起こして現在もLB指標の刑務所に収容されている美達大和《みたつやまと》は、

「殺人事件では、被害者が死亡している為に、被告人は自らに都合の良い陳述をします。犯行動機・犯行態様・事件後の行動等でも、些細であろうとも、自分に有利に斟酌《しんしゃく》されることを図り、とくとくと虚言を弄するのです」（『死刑絶対肯定論　無期懲役囚の主張』新潮新書　２０１０年）と述べています。

美達が言うように、私自身も多くの受刑者が「裁判のときには自分の都合のいいように言いました」と話すのを聞いています。もちろん悪いことをしたにもかかわらず、裁判でウソをつくのは許されることではありません。そんなことは百も承知しています。しかし、ここで私が言いたいことは、裁判という状況下に置かれたならば、たいていの人間が「許されたい」「刑が軽くなってほしい」と願うのは普通のことであり、反省を求められれば謝罪の弁を述べるのは当たり前であるということです。悪いことをしたにもかかわらず、重い罰は受けたくないというのが被告人の「本音」です。むしろ、悪いことをした人間だからこそ、「反省する態度がうまい」とも言えるかもしれません。被害者にとってはたまらないことですが、裁判で被告人に反省を求めると、こうした結果になります。

後で詳細に述べますが、少年院や刑務所における矯正教育では、罪の意識をもたせるため、非行少年や受刑者に「反省」を求めすぎる傾向があります。そうすると、先の研究結果のように、何度も少年院や刑務所に入った者ほど、皮肉なことに、「反省の仕方」を学ぶことになります。周囲の大人が喜ぶような反省の仕方を彼らは身に付けます。裁判で、涙を流して何度も「反省しています」と言い続ける被告人に対して、一般の市民がその態度が本当なのかウソなのかを見抜くのは至難の業です。

否、見抜く必要はありません。なぜなら、反省の言葉であれば、それは自分にとって都合のいい言い訳にすぎないのですから。

## 反省に見えて反省でないケース

もちろん例外的なケースは存在します。被告人が裁判の場で自分に不利になる証言をすることがあります。私がかかわった受刑者の例を挙げましょう。交際していた女性を殺害した50代の男性受刑者のケースです。彼は、40代半ばで事件を起こしました。女性を殺害した理由は、女性が自分以外の男性と付き合っていたからです。彼女の生活もかなり乱れていたそうです。そうした彼女の行動に衝動的に怒りを覚えた彼は、カッとなって彼女を殺害してしまったのです。しかし彼は、裁判の場で、彼女の行動の変化（要するに、被害者にとって不利となる陳述）を一切語らず、「自分の起こした事件だけを考えて判決を出してほしい」と言いました。

彼の言葉は、一見反省と受け止められるかもしれません。しかし残念ながら、これも反省ではありません。彼との面接のなかで分かってきたことは、彼が幼少期に母親から厳しいしつけを受け、常に「男らしく生きろ」という価値観を叩き込まれたことでした。彼女の非を語ることは「男としてみっともない」という考え方が根にあったのです。「男らしくあらねばならない」という価値観から、彼は「弁解する自分自身」を許せなかったのです。この例をみても分かるように、裁判の場で反省の言葉を述べなかったとしても、被告人が反省していることにはならないのです。

ただ一つ、被告人が本当に反省しているかどうか見分ける方法があります。それは、量刑が出た後に、被告人が控訴するか、量刑をそのまま受け入れて控訴しないかです。量刑を受け入れるということは、自分の犯した罪と向き合っている一つの証《あかし》と判断できます。しかし残念ながら、この方法は、裁判が終わった後でしか分かりません。個別の事例を取り上げることには問題があるので詳細に書けませんが、裁判で土下座までして許しを乞うた被告人が無期懲役の刑に納得できずに控訴したケースなどは代表例でしょう。

こうした被告人の心理を考えると、私は裁判において被告人が「反省していること」を考慮することに疑問を感じないではいられません。

誤解がないように言っておきますが、私は何も被告人に対して「反省しなくていい」と言っているわけではありません。言いたいのは、裁判という、まだ何の矯正教育も施されていない段階では、ほとんどの被告人は反省できるものではないということです。人間の心理として、反省する気持ちになれない状況において、目に見えない「人間の心」を判決や量刑を決めるための条件にすることには無理があります。被告人が犯罪を起こした事実が間違いないのであれば、客観的事実に基づいて、淡々と判決や量刑を決めるしかありません。なぜなら、裁判という場でどんなに反省の弁を述べたとしても、被告人は自分の犯した罪と向き合っていないからです。自分の罪と向き合うのは、長い時間をかけて手厚いケアをするなかではじめて芽生えてくるものなのです。

## 受刑者が被害者に抱く否定的感情

最初に述べたように、私は殺人などの重大な犯罪を起こした受刑者に授業をしたり個人面接をしたりしています。そのなかで分かったことの一つとして、被害者に残虐なことをしているにもかかわらず、驚くべきことに、受刑者は自分自身が殺《あや》めた被害者に対して否定的感情をもっていることです。しかし刑務所のなかで、被害者のことを非難することはできないので、彼らは心の奥底に被害者に対する「負の感情」を秘めています。被害者に対して負の感情をもっている受刑者は、私たちが想像する以上に多いのです。

殺人の形態はさまざまです。衝動的に殺人を犯した者もいれば、計画的に犯行に及んだ者もいます。衝動的に殺人を犯した者は、被害者に責任転嫁をすることがあります。「あいつ（被害者）さえいなければ、俺はこんな所（刑務所のこと）に来ることはなかった」「最初に因縁をつけてきたのは相手の方だ。俺は悪くない」などと被害者に対して、不満を持っているのです。窃盗が目的で家宅侵入した場合は、「俺は金目の物を盗もうとしただけだ。突然、帰ってきた被害者の方が悪い」ととんでもない屁理屈を言う受刑者も少なくありません。

計画的に殺害した場合はどうでしょうか。被害者に対して、これも本当に身勝手な理屈ではありますが、彼らなりの殺さなければならないほどの「大きな理由」があったから殺害に及んだのです。そこには、殺害するだけの否定的感情があるわけです。自分の人生を台無しにしてまでも1人（あるいは複数）の人間を殺めるわけですから、彼らにすると、相当の「覚悟」をもって人の命を奪っていることになります。

ある受刑者は、「私は、被害者を殺害したことをまったく後悔していない」と言い切りました。理由を問うと、彼は「あいつ（被害者）は自分の愛する妻を自殺にまで追い込んだひどい奴だった。だから、かたき討ちをしただけだ」と語りました。また、ある受刑者は、「被害者は暴力団の組員だった。あいつは俺の部下をひどい目に遭わせた憎い奴だった。暴力団に入っている以上、殺されることは本人も覚悟していたはずだ」と言いました。彼らのような、被害者に不満感情がある受刑者に対して、被害者の苦しみを考えさせて反省させるような指導方法はほとんど効果がありません。

それでは、どうすればいいのでしょうか。方法は一つしかありません。反省させてはいけないのです。被害者に対して不満があるのであれば、まずはその不満を語らせるのです。不満を語るなかで、なぜ殺害しなければならなかったのか、自分自身にどういった内面の問題があるのかが少しずつみえてきます。一見、非常識なことをしていると受け止められるかもしれませんが、本音を語らないかぎり、受刑者は自分の内面と向き合うことはできません。

　さらに言えば、受刑者の不満は、被害者に対してだけではありません。裁判に対して不満がある受刑者も少なくありません。自分が受けた量刑に不満があるのです。量刑を出した裁判官や裁判員だけでなく、自分を弁護した弁護士に対して不満を持っている受刑者もいるのです。彼らは、量刑に納得できない気持ちをずっと心のなかに抱えたまま、受刑生活を送ることになります。そうした受刑者に対しても、反省を促す教育は効果が期待できません。なぜなら、被害者のことを考える以前に、彼らの心のなかにある「時間」は「不満を持ち続ける形」で裁判の結審の段階で止まっているからです。さらに、受刑生活が単調なだけに、不満感情は増幅していくこともあります。

　人は、不満や怒りなどの否定的感情をもっていると、その感情をいつまでも引きずります。このことは、私たちの日常生活における人間関係で生まれる「感情」と無縁ではありません。たとえば、幼少のときに父親や母親にひどいことを言われて傷ついたことのある人は、成人になってもその言葉がいつまでも忘れられず、親に対して素直になれないことはないでしょうか。親友だと思っていた人から、ひどく傷つくことを言われたら、その瞬間から親友に対して自分の心を閉ざしてしまうかもしれません。心のなかにたまった否定的感情は、それが解放されないかぎり、いつまでもその人の心のなかに残り続け、その人の心を苦しめるばかりか人生さえ生き辛いものにさせます。成人になっても、心のなかにある「傷つき」は、自分の心が傷ついた「瞬間」で止まってしまうのです。

それでもなお、「悪いことをしたのだから、受刑者が不満をもつなんてもってのほかだ。ましてや被害者に対して不満を持つなど絶対に許せない」と怒りの声が聞こえてきそうです。その意見は至極もっともなことです。

しかし、事はそう簡単ではありません。被害者に不満を持ち続ける受刑者に対して、被害者に対して反省させようとする矯正教育はあまり効果が得られません。したがって、不満があるのであれば、受刑者の不満を取り除くことから始めないといけません。そのためには、受刑者がどんな不満や怒りなどの否定的感情をもっているのかを知る必要があります。そこから始めないと、本当の意味での更生に至る第一歩は始まりません。

その具体的な道筋を明らかにする前に、もう少し「反省」の問題に付き合ってください。すなわち、悪いことをした人に「反省文」を書かせることの意味です。

# 第2章　「反省文」は抑圧を生む危ない方法

## 「模範的な反省文」から読み取れること

私は、大学の教員をする前は教育センターでカウンセラーを務め、その前は長年の間、私立の女子中学・高等学校の教員をしていました。教員をしているときは、授業をすること以外、校務分掌といって、学内のさまざまな仕事をしてきました。

その一つが、生徒指導部の仕事です。生徒指導部の仕事は、学校行事や生徒会活動といった、直接生徒とかかわることですが、一番の仕事は生徒が問題行動を起こしたときの「生徒指導」です。問題行動とは、飲酒、喫煙や万引きといった反社会的行動のことです。問題が発覚したら、当該の生徒と面談して事実関係を明らかにした後、親を呼び出します。ほとんどの親は慌てて学校に駆けつけ「学校の先生方に迷惑をかけました」と切り出し、神妙な面持ちで教員の話を黙って聞き、その後は自分の子どもの起こした問題行動に対して反省の弁を繰り返します。最後に、学校側の処分として、生徒指導部の部長が停学を言い渡します。自宅で謹慎させ、今回の件を親子でじっくり考えさせるのです。数日間の謹慎中、反省文を書かせます。その反省文を生徒指導部の教員が読んで、十分に反省していることが「確認」できたら、生徒指導部の部長が謹慎を解除して、終了となります。

私は何度も反省文を読む機会がありましたが、今振り返ると、どの反省文の内容も大差なかったというのが実感です。そこで、私は架空の「模範的」な「反省文」を書いてみます。高校2年で万引きをした女子高校生という設定にします。

「このたび私は、万引きという、大変恥ずかしいことをしてしまいました。謝って許されることではありません。謹慎している間は、自分自身をしっかりとみつめ、自分がいかに甘く、駄目な人間であったのかがよく分かりました。私を大切に育ててくれている両親だけでなく、温かく見守ってくださっている先生方の信頼を大きく裏切ることになり、心から反省しています。今回、謹慎という処分を受けましたが、私にとって謹慎することによって、自分のことを考える時間を与えていただき、謹慎処分を受けたことを今は感謝しています。
今回の件で、本当に多くの方々にご迷惑をおかけしました。万引きをしてしまったお店の方、両親、そして私を心配して叱ってくださった多くの先生方に申し訳ない思いでいっぱいです。こんな駄目な私に対して、温かいお叱りの言葉を言ってくださった先生方には心から感謝しています。甘かった自分を改め、これからは自分に厳しく、しっかりとした学校生活を送っていくことを心に誓います。大変ご迷惑をおかけして、本当に申し訳ありませんでした」

さて、この反省文を読んで、どのような感想を持たれましたか。代表的な回答例を挙げてみましょう。

①よく書けている。りっぱな反省文だ。
②早く謹慎を解いてもらうために書いたウソの文章。上辺だけだ。
③この子は大丈夫だろうか。また万引きをするのではないか。

実は、私はこのような「反省文」を受刑者に実施する授業でも取り上げています。目的は「反省」ということを受刑者に考えさせるためです。上記のような反省文を読ませて、受刑者同士で自由に話し合いをさせるのです。そして、①から③の回答例は、受刑者が実際に言った感想です。

受刑者は②を一番多く選びます。考えるべきは、なぜ多くの受刑者が②を選ぶのかということです。理由は簡単です。彼ら自身が悪いことをしたとき、反省の言葉を言ってきたからです。悪いことをしたら、とりあえず「上辺だけ」謝っておこうという考え方がほとんどの受刑者に根付いているのです。そして、そのことに受刑者自身も何の疑問も抱いていません。彼らは、悪いことをしたら謝罪することが当たり前と思い込んでいます。さらに言えば、普通に暮らしている私たちの大多数が、受刑者と同様、この価値観を持っているのではないでしょうか。

ここまで本書を読まれて、内容に納得されている方は、③を選ばれると思います。しかし、反省することに何の疑問も抱いたことのない方は、①を選ばれるでしょう。実際に、私が書いた「反省文」を一般の人に読んでもらって感想を求めたら、①のような回答が一番多く返ってきます。

ここで私は、過去の教員時代の自分の「未熟さ」を告白しないといけません。実は、教員だったときの私にとっても、①がベストアンサーだったのです。私が書いた模範的な反省文は、「りっぱな反省文」と思っていたのです。そして、私だけでなく当時の生徒指導部の全員の教員が同じ考えでした。

今でも覚えていることがあります。このような反省文を書いた後、必ずといっていいほど生徒指導部の部長が生徒に告げる言葉です。それは、「これからはすべての先生が君に注目している。しっかりとした学校生活を送りなさい」という「励まし」の言葉です。この励ましが生徒の心に今後どれほどの負荷（ストレス）を与えることになるのか、当時の私はまったく分かりませんでした。

しかし、私の「未熟さ」と書きましたが、実際のところ、このような生徒指導のあり方は、当時（今から20年以上も前ですが）も今も少しも変わっていないのではないでしょうか。そして、おそらく日本中の学校の生徒指導では、大なり小なり、同じようなことが行われていると思います。「りっぱな反省文」を書いて、「それでよし」としているのです。

## 反省は抑圧を生み、最後に爆発する

あらためて「りっぱな反省文」を書くことは何が問題なのかを考えてみます。そこで具体例を挙げて、説明することにします。以下に紹介する【ケース1】は架空のものですが、「りっぱな反省文」を書くことの問題点を明らかにしてくれる典型例です。せっかくなので、私が先に書いた「反省文」の流れに即した内容にします。

【ケース1】伊藤和子（仮名）20代前半　罪名：窃盗ならびに覚醒剤取締法違反

和子は高校生のときに万引きをした。万引きをした商品が欲しいわけでもないのに、なぜか知らないうちに手が出てしまったのである。和子は一人っ子で、母親は、家にいるときは和子が勉強しているかどうか心配になって、何度も部屋をのぞきこんでいた。机に向かって勉強していない和子を見たら、母親は烈火のごとく怒り「勉強しなさい！」と叱りつけた。父親は、和子の言うことには一切耳を傾けず、「勉強さえしておけばいい」と言いきかせていた。父親の言うとおりにしないと暴力まで振るわれていたという。そんなとき和子は、文具店で３０００円相当の商品を万引きしたのである。

担任から連絡を受けて、母親はすぐに学校に駆け付けた。担任は「普段は真面目な生徒なのに、大変驚きました。本人の気の緩みでしょうか」と言い、母親は「私が甘く育てた結果です。私の責任です。本当にご迷惑をおかけしました。これからは厳しくしつけます」と深く謝罪した。和子は謹慎処分となり、担任から10日間学校に来ないで自宅でしっかり勉強するとともに、毎日日記を書くように命じられた。外出は一切禁止で、友だちと連絡を取ることも許されなかった。

担任は、和子に毎日自分をよくみつめて日記を書くことを命じた（日記と言っても、結局は反省文）。毎日日記（＝反省文）を書いていると、だんだん「りっぱな反省文」が書けるようになった。最終日に提出された反省文には、「お店の人、両親ならびに学校の先生方にご迷惑をかけて、大変申し訳ありませんでした」と記され、「二度とこのようなことをしないように、気持ちを引き締めて学校生活を送ります」という言葉で締めくくられていた。

和子の書いた反省文は、生徒指導部の全員の教員が読むことになった。各教員からは「しっかりとした反省文が書けている。謹慎を解いてやってもいいのではないか」といった意見が出され、再登校を許されることとなった。登校が許可される当日の朝、生徒指導部の部長は「これからは気を引き締めて生活するように。君がちゃんと生活しているかどうか全員の先生方が注目しているから、しっかり頑張りなさい」と和子に告げた。和子も「先生方の期待に応えられるように頑張ります」と大きな声で返事をした。その後、和子は他の生徒の模範となるような学校生活を送るとともに、猛勉強し、有名大学に入学した。

和子が問題行動を起こすようになったのは、大学に入学して夏休みに入った頃であった。友人から喫煙を勧められたことをきっかけに、和子は悪い仲間と付き合うようになった。それまでは言いつけを守っていた両親に対して猛反発するようになり、家にいるのが嫌になって無断外泊が続くようになった。

やがて付き合っていた男性と同棲するようになり、彼に金を貢ぐようになった。アルバイトだけの金では彼を満足させることができなかったので、万引きを始めた。万引きが常習化するには時間はかからなかった。和子は、高額な貴金属類を万引きして安価で友人に売るほか、援助交際をするようになった。また、彼から「これを使うと気持ちよくなるから」と言って、覚醒剤を使うように勧められた。和子は躊躇《ちゅうちょ》したが、断ると彼から嫌われると思い、また好奇心も手伝って、「1回だけならいいか」と軽い気持ちで使うことにした。それがきっかけで、和子は覚醒剤が止められなくなり、薬を手に入れるために万引きや援助交際を重ねていくという悪循環から抜け出せなくなっていった。そんななか、同棲していた彼から「別の女ができたから、部屋を出ていってくれないか」と突然別れを切り出され、自暴自棄になった和子は彼の住むマンションの部屋から飛び降りてしまう。幸い、一命は取り留めたものの、和子は窃盗と覚醒剤取締法違反の罪に問われることとなった。

### 非行というシグナル

和子がなぜ犯罪を起こすようになったのか、整理してみましょう。幼少期からの親子関係の問題が大きいのは明らかですが、一つのポイントとなったのは、高校生のとき和子が万引きをしたことです。言い方は悪いですが、私たちは子どもの問題行動を歓迎しています。なぜなら問題行動とは、「自己表現」の一つだからです。和子の「しんどさ」が表面化したと捉えることができるのです。

幼少期から和子はずっと「しんどさ」を心のなかに抱え続けて生きてきたことでしょう。その「しんどさ」が和子の耐え切れなくなった心の悲鳴として、万引きという問題行動に表れたと考えることができます。ちなみに、リストカットや摂食障害のような

「隠れた問題行動」は、私たちの目の届かないところで行われるので、彼女らのヘルプの信号をキャッチしにくくなります。しかし万引きや喫煙のような非行行為は、問題が表面に出るだけに、対処しやすくなります。高校時代の和子の万引きは、彼女の「しんどさ」が表面に表れたという点で、チャンスだったのです。

言うまでもなく、高校時代の和子の「しんどさ」の原因は、母親の過干渉であり、自分の言葉に耳を傾けない父親の権威的な態度でした。高校生まで和子がずっと、抑圧的な家庭環境のなかで育ってきたことは容易に想像できます。「ありのままの自分」を受け入れてもらえない悲しみや苦しみをずっと抱きながら、和子は生きてきたのです。自分の本当の気持ちをずっと抑圧してきたのです。そして、和子自身も我慢することが当たり前と思っていたことでしょう。なぜなら、和子は他の家庭を知らないからです。

繰り返しますが、子どもの問題行動はチャンスなのです。親は、なぜ子どもが問題行動を起こしたのかを考える機会を与えられたと考えるべきです。万引きや喫煙といった非行は問題行動ですが、見方を変えれば、しんどい気持ちを「発散」するという側面をもっています。和子は、屈折した形ですが、自分の「しんどさ」を万引きという形で発散できたと言えます。

しかし、高校時代の和子の問題行動はチャンスとはならず、「りっぱな反省文」という形で終わってしまいました。それどころか、二度とこのようなことはしないと「固い決意」を述べ、周囲の教師も「注目しているぞ」とプレッシャーをかけることとなりました。周囲の注目は和子の心をさらに追い詰めます。自分でも気づかないうちに、和子は今まで以上に自分の気持ちを抑圧していくことになるのです。

和子は「しっかりした自分」であり続け、猛勉強して有名大学に入学しました。有名大学に合格することも、和子自身が望んだことというよりも、自分の頑張る姿を両親に認めてもらいたいとの思いの方が強かったのではないでしょうか。

大学生活が始まって、友人から喫煙を勧められたことがきっかけとなって、和子の問題行動は短期間で、しかも大きな形で表面化しました。まさに喫煙が、和子の心のなかにずっと抑圧されていた否定的感情に「火を付けた」のです。抑圧は「爆発」のエネルギーを貯金していることと同じです。抑圧が大きければ大きいほど、また抑圧していた時間が長ければ長いほど、大きな爆発のエネルギーが「貯金」されていくので、問題行動の出方も大きなものとなります。高額な商品を盗むことや援助交際をするだけでなく覚醒剤にも軽い気持ちで手を出してしまうくらい、和子は「自分を大切にする心」を失っていったのです。

人は、自分がされたことを、人にして返すものです。優しくされれば、人に優しくすることができます。冷たくされると、人に冷たくしたくなります。そう考えると、人を傷つける人は、自分自身が傷ついているから、自分自身を大切にできないのです。自分自身が傷ついているから、自分自身を大切にできないと、当然のことながら、他者も大切にできません。自分自身を大切にできず、自分の「心の痛み」に鈍感になっているから、他者の「心の痛み」にも気づけなくなります。和子が犯罪行為を重ね覚醒剤を使用したことにも罪悪感を抱かなくなっていった背景には、和子の心が長い時間かかって深く傷ついていった過程があるのです。

ところで、和子は付き合っていた男性に多額の金を貢いでいました。和子にとって、男性は、初めて「ありのままの自分」を受け入れてくれる存在となっていたと考えられます。しかし、そこには、対等な、１人の大人同士としての男女の関係性は存在しません。男性にとって、和子は自分に金を貢いでくれる「都合のいい女」でしかありません。しかし和子にすると、自分を受け入れてくれている（と思い込んでいる）男性から捨てられることは最も恐ろしいことなのです。

男性に対する和子の感情は、「成人としての愛情」というよりも、幼児が親から捨てられたくないとしがみつくような「依存」的なものです。見捨てられることが恐いので、多額の金を貢ぐことで関係をつなぎとめようとするのです。覚醒剤を勧められても断れなかったのは、嫌われて孤独になることが怖かったからです。はなはだ勝手なことですが、和子のような「のめり込むような愛情表現」は、「都合のいい女」としか思っていなかった男性にしてみると、重荷になって「煩《わずら》わしい存在」に感じられるときが必ずやってきます。初めて自分を受け入れてくれている（と思っていた）男性から別れを告げられたとき、和子はすべてを失ったと感じて、絶望感を抱き自ら命を絶とうとしたのです。あまりにも悲しすぎる事件です。最初に架空のケースと書きましたが、現実にこのような事例は起きています。

和子は窃盗と覚醒剤取締法違反で逮捕されました。和子が法を犯したことは間違いありません。しかし、だからと言って、私たちは和子に「反省しなさい」と言って、また「りっぱな反省文」を書くことを求めてもいいのでしょうか。

## 「世代間連鎖」する家族の問題

和子のような家庭環境は、多少極端であったとしても、けっして珍しいものではありません。しかし、和子のように犯罪者になる者の方が圧倒的に少ないでしょう。そうすると「反省させると犯罪者になります」という本書のタイトルと矛盾するのではないかと言われそうですが、もう少し和子の事例に付き合ってください。

和子が有名大学に入学し、無事卒業し、仮に普通に結婚したとします。やがて和子にも子どもが産まれるでしょう。果たして和子はどのような子育てをするでしょうか。先に私が書いたことを思い出してください。「人は、自分が人にされたことを、人にして返す」という言葉です。和子は、自分が親から受けた教育を自分の子どもにもするでしょう。なぜなら、それ以外の方法を知らないからです。自分の子どもが勉強しているかどうか不安になって、何度も部屋をのぞきこむでしょう。机に向かわない子どもに対して、手を上げるかもしれません。なぜなら、和子自身が父親から暴力を振るわれていたからです。和子の子どもが弱音を吐いたり、「学校に行きたくない」などと苦しみを訴えたりしたとしたら、「あなたが甘いから、そうなるのだ。しっかりしなさい」と厳しいしつけをするでしょう。そんな環境に育った子どもは、自分の否定的な感情を抑圧することになるので、和子と同じように万引きといった問題行動を起こすかもしれません。すると、和子は自分が親からされたことを間違いなく子どもに押し付けるでしょう。和子はわが身のこれまでの教育の甘さを「反省」し、さらに子どもを厳しくしつけていくことになります。その後、和子の子どもは、和子と同じように猛勉強して、有名大学に進学するかもしれません。その後、和子の子どもが犯罪を起こすのか、一見「普通」の人生を送るのかは分かりません。

言いたいことは、和子自身が犯罪者にならなくとも、和子の子どもが犯罪者になるリスクがあるということです。そして、さらに言えば、仮に和子の子どもが成人になって犯罪者にならなくとも、和子の子どもが親になったとき、同じ子育てが繰り返されます。これが「世代間連鎖」という問題です。誰かが、どこかの時点で、犯罪という形で、親に「ノー！」を叩き付けるかもしれません。犯罪者はどの世代で、いつ生まれるかは分かりません。しかし、「反省させることが当たり前」という教育を代々続けていくかぎりは、どこかで誰かが大きな悲鳴を上げるのです。

もう一つ重要なことを指摘しておかなければなりません。犯罪者にならなかった場合の和子自身の人生です。和子は自分に厳しい人生を歩み続けることになります。人生とは、うれしいことよりも苦しいことの方が断然多いものです。苦しいことがたくさんあるから、うれしいことが引き立つのです。ただし、苦しいときには弱音を吐いて誰かに助けてもらって、人は困難を乗り越えていけるのです。

しかし和子のような価値観を持った人は、苦しいときも弱音を吐くことはありません。弱音を吐くことは、自分が弱い人間であることを認めることを意味します。自分が弱い人間であることを認めることは、それまでの自分自身の人生を否定することになります。それは、和子にとって耐え難いことです。だから、苦しいことがあっても、笑って生きていくことになります。自分の本当の感情とは別の行動を取るのです。こうして心はどんどん疲労していきます。

和子は大変な生き辛さを感じながら生きていくことになるでしょう。そうした生き方をすることで、彼女は心を病むかもしれません。「まえがき」でお話しした、犯罪者にならなくとも、心の病になるというのはこのことなのです。

結局、和子が生き方を変えるチャンスは、万引きをしたときにさかのぼります。子どもが問題行動を起こしたとき、周囲の者がチャンスと捉えないかぎり、今まで私が書いてきたようなことが起こり得ます。なぜなら、多くの親は、自分のしてきた子育てを正しいと思い込んでいるから、他者の視点が入り込まないかぎり何も変わりません。問題行動はヘルプの信号です。和子の「しんどさ」をキャッチして、反省させるのではなく、ケアする視点が必要です。そうすれば、連鎖は断ち切れます。

そして、もう一言付け加えれば、和子の両親も、それぞれの両親から、同じようなしつけをされてきたことが考えられます。人（和子の両親）は、自分が人（和子の両親）にされたことを、人（和子）に「して返している」のです。そう考えると、和子の母親も父親も苦しい人生を生き抜いてきたのです。和子の両親も犯罪者になる（あるいは心の病に陥る）可能性があったのです。

## 「上辺だけ」の反省文は人を悪くさせる

もう一つのケースを紹介します。このケースは、本章で私が書いた「りっぱな反省文」と違って、受刑者が「上辺だけ」の反省文と答えた事例に当てはまります。

【ケース2】後藤公男（仮名）30代後半　罪名：殺人ならびに銃刀法違反

公男の両親は、公男が小学校のときに離婚しており、母と子2人の母子家庭であった。

中学に入ってから、公男は名前をもじって「きみょう」と言われ、からかわれるようになり、いじめを受けるようになった。やがていじめは集団化し、グループから金を持ってくるように言われた。公男は家にある母親の金を盗み、次第に高額の金を持っていくようになる。そんな公男をグループの仲間は逆にかわいがり、喫煙を勧めるようになってから、公男に対するいじめはなくなった。

それと時を同じくして、母親に家の金を持ち出したことがバレてしまう。公男は、勇気を振り絞って、いじめを受けていたことを正直に母親に話し、許しを乞おうとした。ところが、母親は「いじめは自分で解決しなさい。二度と家の金を持ち出さないと誓いなさい」と言って、公男に「反省文」を書くことを要求した。心のなかで公男は「この母親には何を言ってもダメだ」と思いながら、しぶしぶ母親の求める反省文を書いた。その後公男は、非行グループとの付き合いが始まり、無断外泊が増えていった。家の金を持ち出すことはなくなったが、店の物を盗むようになり、万引きはエスカレートしていった。

高校に進学するものの、学業に付いていけず中退。その後、飲食店や建築関係の仕事をするが、人間関係がうまくいかなくて、いずれも長続きせず、仕事をしないでパチンコ屋に通う日が続く。そんなとき、暴力団の組員になっていた昔の友だちから声をかけられ、公男も暴力団に加入することになる。

暴力団の組長は公男をかわいがり、組長の妻も公男に優しく接してくれた。次第に公男は、組長と組長の妻のために、「組の役に立ちたい」と考えるようになった。そんなある日、組長から殺人を依頼される。組にとって面倒な存在となっていた、ある男を殺してほしいと頼まれたのである。「お前を信頼している。頼んだぞ」という言葉を聞いた公男は抵抗するどころかうれしくなり、殺人の依頼を二つ返事で引き受け、出刃包丁で男を殺害してしまう。

最初の公男の問題行動は家の金を持ち出したことです。その原因は、公男が受けたいじめにあります。公男が家の金に手を付けたのは、いじめに対してわが身を守るためでした。しかし、家の金を盗んだことが母親に見つかります。公男は、いじめられていたことを母親に告白します。それを聞いた母親は、公男に対して、「自分で解決しなさい」と言って、二度と家の金を持ち出さないことを約束させるために「反省文」を書かせました。子どもにとって、こんなに辛いことはありません。いじめを親に告白することは、子どもにとって大変な勇気を必要とします。なぜなら、子どもはいじめられたことを恥ずかしいと思っていたり、いじめられたことを母親に言うことでいじめがさらにエスカレートすることを恐れたりするからです。

公男は母親の命ずるままに反省文を書きました。彼が書いた反省文は、「上辺だけ」で、母親の許しを得るためでした。仕方なく書かされた反省文は、子どもの心にさまざまな問題を残します。一つは、「悪いことをしたら、謝ればいい」と何事も軽く物事を考えるようになることです。もう一つは、自分の「しんどさ」を受け止めてくれなかった母親に対する「憎しみ」を生むことです。そして、このことがきっかけとなって起きる最大の問題は、公男が母親に対して素直でなくなることです。

今回の母親の対応を考えると、おそらく母親は、これまでも公男に対して、指示・命令といった対応をしてきて、子どもの言い分を聞くような態度ではなかったのでしょう。したがって、公男が「この母親には何を言ってもダメだ」と考えたように、今回の「反省文」は母親との関係を決定的に悪くさせることになりました。

こうした背景があって、公男の問題行動はますます悪化していくことになります。無理やり書かされた反省文は抑止力になるどころか、問題行動をさらにエスカレートさせます。言い換えれば、反省文が「引き金」となって万引きの促進力になっていったのです。公男はいじめを受けた「しんどさ」を素直に打ち明けたにもかかわらず、母親は反省文という形で「罰を与えること」で対処しました。これは、子どもの心を根底から裏切ることになります。したがって、公男も母親を裏切る気持ちになるのは仕方ありません。エスカレートした万引きは、公男の母親に対する抑圧していた憎しみが表現されたものという見方もできます。

その後、公男は高校を中退し、仕事を転々とします。一つの仕事が長続きしない理由は、人間関係をうまくつくれないことにあります。公男は母親との関係のなかで「素直になること」を失いました。思春期の親子関係のなかで素直さを失った子どもは、大人になっても周囲の者に素直になれません。素直に自分の気持ちを言えない人は、他者との間で良い人間関係をつくれなくなります。素直になれないということは、人に心を開かないということです。心を開かない人間に対して、他者は心を開いてくれません。ここに人間関係がうまくつくれない要因があるのです。

公男は「家庭の愛」というものを知りません。したがって、彼は心の奥底に常に寂しさを感じていたでしょう。そのとき、暴力団の組員になっていた友だちから声をかけられ、公男も暴力団員になりました。暴力団の組長は公男をかわいがりました。公男にとって、自分をかわいがってくれる組長は「父親代わり」で、優しく接してくれる組長の妻は「母親代わり」になっていたことでしょう。暴力団に加入する心理の一つがここにあります。つまり、公男にとって暴力団は「疑似家族」だったのです。

公男は暴力団という組織に初めて「家庭の愛」を感じます。したがって、組長から、「頼んだぞ」と言われて殺人を依頼されたら、「父親」から「愛されている」と喜び、公男は愛してくれている（と思い込んでいる）組長（＝父親）を裏切ることはできません。こうした背景があって、公男の殺人は実行されました。しかし事実だけをみれば、残酷な言い方になりますが、公男は組に「利用されていただけ」なのです。

## 問題行動が出たときは「支援のチャンス」

これまで2つのケースをみてきましたが、反省文は「百害あって一利なし」というのがよく分かると思います。2つのケースは犯罪に至った極端なものですが、実際に起こった事件を脚色しているだけで、こうした最悪の事態を招く場合もあることを理解してください。

２つのケースにおいて、反省文はいったいどのような意味をもっていたのでしょうか。一言で言えば、反省文は、反省文を書かされた人の「本音を抑圧させている」ということです。そして、抑圧はさらなる抑圧へとつながり、最後に爆発する（犯罪を起こす）のです。

まず、【ケース１】の場合を振り返りましょう。和子の心のなかにはどのような本音があったのでしょうか。和子はいつも母親に監視されている状態で、権威的な父親からは暴力まで振るわれていました。そうしたストレスが積もりに積もって万引きに至ったと考えられます。したがって、和子の心の奥底には、両親に対して鬱屈した思い（しんどさ）が常にうずまいていたことでしょう。反省文は、そうした鬱屈した思いに完全に「蓋《ふた》をする役割」を果たしました。蓋をすることで、鬱屈した思いをさらに抑圧していくことになり、大学生活をきっかけに抑圧してきた否定的感情が大爆発（犯罪）を起こしたのです。

それでは、和子が万引きしたとき、どうすればよかったのでしょうか。支援の方向性は明確です。和子の心のなかにある鬱屈した思いを吐き出させてあげればよかったのです。和子が「何回も自分の部屋をのぞきこむ母親がうっとうしかった！　自分の言うことを少しも聞いてくれず、暴力まで振るう父親が大嫌いだった！」とネガティブな感情を思い切り吐き出すことが、和子が回復していくための出発点となるのです。

問題行動はチャンスであると何度も書いてきました。問題行動が起きたとき、ひとまず叱ることは控え、本人が問題を起こすことに至った理由に耳を傾けることです。そこには必ず、寂しさやストレスといった否定的感情があります。自分の心のなかにたまっていた否定的感情がすべて出ることによって、初めて自分が起こした問題行動の過ちに気づけるのです。そこから本当の意味での「反省」が始まるのです。

【ケース2】の公男の場合はどうでしょうか。公男はいじめを受けていた「しんどさ」を母親に受け止めてほしかったのです。しかし母親は公男に反省文を求めました。公男は自分の気持ちを母親に伝えることを止めるという「悲壮な決心」をしました。それは、自分の本当の感情を外に出すことを止めることを意味します。すなわち、抑圧です。

それでは、公男が家の金を持ち出したとき母親はどういう対応をすればよかったのでしょうか。やっとの思いでいじめを告白した公男に対して、母親が「そんな辛いことがあったの。しんどかったでしょう」と受け止めればよかったのです。そうすると、おそらく公男はこらえていた感情が一気に溢れ出て、涙さえ流したことでしょう。

先にも書きましたが、子どもは自分がいじめを受けていたことを親に言うことを恥ずかしく思うのです。自分の弱い面を親に知られたくないからです。だからこそ、親は子どもが「自分の弱さ」を告げたときこそ、チャンスと捉えて、子どもの話にじっくりと耳を傾けるのです。「しんどい」とか「辛い」という言葉は、子どもが勇気を振り絞って発した言葉なのです。

このとき母親が公男を受け止めていれば、公男が殺人を起こすことはなかったかもしれません。そう思うと、幼少期の親子のやり取り一つで、子どもの人生が悲惨なものになってしまう場合があることに悲しみを感じないではいられません。ではなぜ、母親は公男を受け止めなかったのでしょうか。理由は、和子の両親と同様、「世代間連鎖」なのです。おそらく公男の母親の親も、「心を受け止める人」ではなかったのです。

こうしてみると、2つのケースとも、問題行動が出たときは、反省文を書かせるのではなく、受容的な対応をすれば、その後の子どもの人生は良い方向に向かうことが分かります。だからこそ、繰り返しになりますが、問題行動が出たときは「支援のチャンス」なのです。どこかで誰かが介入して、負の連鎖を断ち切らないといけません。

## 問題行動は「必要行動」

私は、問題行動を「必要行動」と考えています。すでに述べたように、和子にとって、万引きは「しんどさ」を発散する「効果」をもっていました。公男にとって、家の金を持ち出すことは、いじめから自分の身を守るために必要だったのです。もちろん両方とも社会的には容認されない方法ですが、そのときの2人にとって、大きな爆発をしないためには（あるいは生き延びるためには）「必要行動」だったのです。

学校で、喫煙をする生徒たちが少なくありません。喫煙は、イライラした気持ちを解消する「効果」をもたらします。未成年にとって喫煙は違法行為ですが、心理面でいうと勉強のストレスや人間関係の「しんどさ」をまぎらわす効果があるのです。

いろいろな異論があるでしょう。たとえば誰かに誘われて喫煙した場合はどうなのか。「誘われて断れない本人が弱いのだ」と思われる方がいるかもしれません。その場合でも私は必要行動と考えます。私は、子どもが問題行動を起こしたとき、元をたどって話を聞いていきます。子どもは友だちに喫煙を誘われてなぜ断れなかったのでしょう。けっして「弱い」からではありません。

具体的にどう子どもとかかわるのかを記しましょう。私は子どもに「もし断っていたら、どうなっていた?」と問いかけます。大半の子どもは「多分、はずされていた(仲間に入れてもらえなかった)」と答えます。そこで「断って、1人になるのが恐かったんだね」と言って、「弱い」のではなく「孤独になるのが恐かったこと」を明らかにします。

次に、なぜ喫煙をするような友だちと付き合うようになったのかを子どもといっしょに考えます。「学校には、喫煙しない友だちもいれば、喫煙する友だちもいるよね。君はなぜ喫煙する友だちと付き合うようになったの?」などと質問してみます。いろいろな回答が返ってきます。たとえば「今まで付き合っていた友だちから嫌なことをされた」と答えたとします。「そんなことがあったの。そのときどんな気持ちだった?」と問うと、子どもは「一人ぼっちになって寂しかった」「つらかった」と言うかもしれません。子どもが「自分の弱さ」を言えたとき、聞き手は「よく話してくれたね」とねぎらいます。それだけ自分の弱い面を告白することは辛いことであると同時に、聞き手に心を開いている証だからです。だからこそ、辛いことを言えたことをねぎらうのです。

そのうえで、「1人になるのはしんどかったでしょう。それからどうしたの?」とさらに質問すると、「(喫煙している)友だちが声をかけてくれた」と言います。私は「1

人でしんどい思いをしていた君を、その友だちが助けてくれたんだね」と返します。このようなやり取りから、喫煙を勧めた友だちは孤独になっていた子どもを救うためには「必要」だったという捉え直しをさせるのです。

結局、なぜ子どもが喫煙する友だちと付き合うようになったのかを考えればいいのです。理由を聴いていくと、その友だちが、そのときの子どもにとって「必要」だったことが明らかになります。喫煙してしまった子どもがそのときに抱いている悩みは、喫煙する友だちも持っているのです。共感し合える部分があるからこそ、たとえ他者から見れば悪い仲間であっても、その仲間と付き合うのです。人は、自分のことを理解してくれる人を、常に求めています。こう考えると、喫煙したからといって、すぐに反省を求める姿勢はあらためないといけないことがよく分かるのではないでしょうか。

原因が分かれば、親や教師は子どもの言葉にじっくりと耳を傾け、否定的な感情を口から出させればいいのです。問題行動を起こす理由は、寂しさやストレスの発散だったり、公男のように苦しい人間関係が背景にあったりするのです。

## 「反省文」は問題を悪い形で先送りさせるだけ

とはいえ、未成年にとって、万引きはもちろん、飲酒や喫煙は違法行為です。したがって、罰を受けることは避けられません。言いたいことは、罰を与える前に、問題行動は「必要行動」と捉え直しをする視点を持って、「手厚いケア」をしてほしいということです。ケアをしないで、ただ反省させるだけの方法は、最悪の場合、犯罪者になるということです。少なくとも、問題行動が起きた直後の「反省文」はまったく意味がありません。意味がないどころか、さらに抑圧を強めて、大きな犯罪行為に至るリスクを高めます。

しかしながら、中学や高校だけでなく、およそ学校と名の付くところでは、今でも問題行動が起きたときには反省文を書かせているでしょう。反省文は、ある意味、「お手軽」な方法であるとともに、「りっぱな反省文」を読めば誰もが納得するからです。しかし、それでは問題を悪い形で先送りさせているだけです。

実は、現在私が勤務している大学でも、問題行動が起きると反省文を書かせて、その内容をみて処分を決めています。おそらくどこの大学でも同じことをしているでしょう。ここで私が大学で数年前にかかわったケースを紹介します。私が長年受刑者の支援をしていることが皆に周知されているので、学生による犯罪行為が起きると私が学生の対応をする役目として指名されることがあります。学生が起こした賭博行為で、これこそ反省文がきっかけとなった事例です。

【ケース3】井上康弘（仮名）20歳：恐喝ならびに賭博行為

2人の男子学生がお金を賭けてトランプのポーカーをし、1人が大負けしてしまった。負けた金額は数十万円に及んだ。負けた学生（以下、「被害学生」）にとって、とうていそのような高額な金を支払うことはできなかった。被害学生は「こんな大金はない。許してもらえないか」と言ったところ、勝った井上が「最初から払う気がないのに、賭けをしようとしたのか。俺を馬鹿にしているのか。金がないなら、マグロ漁船にでも乗って稼いできてもらおうか」と詰め寄った。

恐ろしくなった被害学生は、大学の学生相談室のカウンセラーに相談し、私が所属する学部の教員全員の知るところとなった。すぐに学部の学生部長が井上を呼び出し、事実確認をした後、「君が話した言葉で、彼（被害学生）は大変なショックを受けている。君は、今回自分が言ったことをどう思っているのか」と問うた。井上は「僕は、悪いことを言ったつもりはありません」と平然とした顔で言った。学生部長が被害学生がどんなに傷ついているか話しても、「僕には分かりません」と繰り返すだけだった。結局、学生部長は、「被害学生が傷ついていることは間違いないことです。お金を賭けて遊んだことも悪い」と言って、反省文を書くことを求めた。納得のいかない表情を浮かべながらも井上は「分かりました」と言って、その日は自宅に帰った。

数日後、井上から反省文が提出された。内容は、見事なほどに「りっぱな反省文」であった。問題が起きたのは、その後のことである。反省文に基づいて、井上には処分が下されることになり、数ヶ月間の停学となった。停学処分になるとは思っていなかった井上は、「賭けごとをしたことが悪いのは認めます。しかし僕は、負けた学生に対してひどいことを言ったつもりはない」と言って、反省文に書いた内容のことを撤回した。このことが学部全体で大問題になり、ある教員は「自分が言ったことがどんなにひどいことなのか分からないような学生は、即刻退学にするべきだ」と声を荒げて言った。

私と井上との面接が始まった。私は、井上が被害学生にひどいことを言っているにもかかわらず、なぜその言葉が人を傷つける言葉だと思わないのか、必ず理由があると思い、彼の原点を探っていった。思春期における井上の親子関係を聴いていくと、井上はいろいろなエピソードを話してくれた。一例を挙げると、父親から「試験では必ず１０

0点をとってこい」と言われ続けていたという。当然、100点など毎回取れるものではない。100点を取れなかったとき（80点や90点のときでさえ）、父親は毎回「お前は馬鹿じゃないのか」と小馬鹿にする様な口調で井上に言ったのである。私は「そんなひどいことを言われて、そのとき君はどう思ったの？」と問うと、井上は「腹が立ちましたが、自分が頑張るしかないと思いました」と言った。さらに私は、「私だったら、親から『馬鹿じゃないか』と言われたら、すごく傷つくんだけど、君はどう感じているの？」と尋ねると、しばらく考えてから、彼は「何も感じません」と答えた。

井上はこのような「父親からの厳しい言葉」に関する数々のエピソードを正直に話してくれた。彼の話す姿を見ていると、質問に対して何でも素直に話すだけに、私の目には、ある意味、「好青年」にさえ映った。しかし、これで理由は明確になった。井上が、被害学生にひどい言葉を言ったのは、彼自身が親からひどい言葉を言われ続けてきたからである。そして、「何も感じません」という言葉からは、自分の感情をぐっと抑える習慣が身に付いていて、「人が傷つく言葉の基準」が普通の人よりもかなり高くなっていたことが分かったのである。私の推測を話してみると、彼は納得し、「今でも僕は悪いことを言ったつもりはありませんが、これからは気をつけないといけないことが分かりました」と素直に答えた。このように井上は、最初から最後まで、私に正直にすべてを話してくれた。最後に私は井上に「すべてを正直に話してくれて、ありがとう」と感謝の言葉を告げたうえで、「ただ、これまでのことで君は1回だけウソをついていますね」と言うと、彼は驚いた表情を浮かべた。私が「ウソは、反省文に書いた内容ですよ」と言うと、彼はホッとして笑顔を浮かべた。

このケースが結果的に良い方向に向かったのは、井上君が面接で本音を語ってくれたからです。井上君が唯一ウソをついていたのは、「りっぱな反省文」を書いたことです。それ以外は、すべて本当のことを話してくれました。彼が被害学生にひどい言葉をかけた理由は、彼自身が親からひどい言葉をかけられていたからです。日常的にひどい言葉をかけられることによって、「人を傷つける言葉」に対する「感覚」が麻痺していたとも言えます。このケースをみても分かるように、反省文を求めることは意味がないどころか、むしろ人を悪くさせています。問題行動を起こしたときに反省文を求めると、こういう結果になりがちです。書かせた反省文が「りっぱ」であればあるほど、人として悪くなっているのであれば、こんな悲劇はありません。

このように反省文を書かせることは危ない方法なのです。「りっぱな反省文」を書かせることよりも、なぜ問題行動を起こしたのか（【ケース3】の場合、なぜ井上君はひどい言葉をかけることのできる人間になったのか）、井上君の内面を共に探究していく姿勢が必要です。もちろんこれで井上君の問題がすべて解決したわけではありませんが、今後の学生生活が良い方向に変わっていくことが期待できます。そして、井上君が自己理解を得なければ、もしかしたら彼は本当に犯罪者になったかもしれません。

現在、私が勤務している大学で、頻繁に起きる学生の問題行動の一つは、図書館の本を無断で持ち出すことです。無断で本を図書館から持ち出すと、出入口でブザーが鳴る仕掛けになっています。大きな問題行動ではないので、毎回反省文を書かせて、説諭をして帰すことになります。反省文の内容は、これこそワンパターンです。「私の不注意で、大変なご迷惑をかけてしまいました。二度とこのようなことが起きないように、これからは気を引き締めて、勉学に励みたいと思います」。「ここまで書くか」と言わんばかりの「りっぱな反省文」です。これでは何の解決にもなりません。だからと言って、何もしないわけにもいきません。結局、反省文を書かせて終わり、ということになるのです。

しかし、皆が見事に「りっぱな反省文」を書いてくることは、ちょっと恐くないでしょうか。「りっぱな反省文」が書けるということは、普段から学生は叱られることに慣れていて、しっかり反省させられているということです。ということは、「りっぱな反省文」が生まれる原点は、家庭でのしつけや教育にあるということです。悪いことをしたら、しっかりと反省させるしつけや教育が行き届いているのです。こうしたしつけや教育が、実は犯罪者をつくり出す要因にもなっているのです。そうすると、私たちはしつけや教育のあり方を根本から見直さないといけないことになります。このことは第4章で述べることにします。

## 反省は「自分の内面と向き合う機会」を奪うこと

これまでみてきたように、反省させると後々にまずいことになるのが理解していただけたかと思います。問題行動を起こしたら、「すみません。ごめんなさい」と謝罪して、二度と過ちを犯さないことを誓う。これが学校現場だけでなく、家庭でも社会でも普通に行われてきた方法なのです。しかし、これでは問題を先送りするだけなのです。それももっと悪化させた形で。

反省させるだけだと、なぜ自分が問題を起こしたのかを考えることになりません。言い換えれば、反省は、自分の内面と向き合う機会（チャンス）を奪っているのです。問題を起こすに至るには、必ずその人なりの「理由」があります。その理由にじっくり耳を傾けることによって、その人は次第に自分の内面の問題に気づくことになるのです。この場合の「内面の問題に気づく」ための方法は、「相手のことを考えること」ではありません。親や周囲の者がどんなに嫌な思いをしたのかを考えさせることは、確かに必要なことではありますが、結局はただ反省するだけの結果を招くだけです。私たちは、問題行動を起こした者に対して、「相手や周囲の者の気持ちも考えろ」と言って叱責しがちですが、最初の段階では「なぜそんなことをしたのか、自分の内面を考えてみよう」と促すべきです。問題行動を起こしたときこそ、自分のことを考えるチャンスを与えるべきです。周囲の迷惑を考えさせて反省させる方法は、そのチャンスを奪います。それだけではありません。寂しさやストレスといった否定的感情が外に出ないと、その「しんどさ」はさらに抑圧されていき、最後に爆発、すなわち犯罪行為に至るのです。

このように考えると、大げさかもしれませんが、今実際に学校現場で行われている生徒指導が「犯罪者」をつくっている可能性もあります。しかし学校現場では、依然として「問題行動→反省→固い決意→指導終了」という流れになっています。そして、この流れは、犯罪を起こした受刑者に対する指導にも当てはまります。

次章では、矯正教育の現場で実際に行われている「反省させる指導」と、その問題点を検討します。さらに、反省させない指導方法について、私の実践を紹介したいと思います。

# 第3章　被害者の心情を考えさせると逆効果

## 被害者の視点を取り入れた教育

「被害者の視点を取り入れた教育」という、受刑者に対する更生プログラムがあります。この教育は、その名が示すとおり「被害者」が存在する犯罪で、殺人や傷害致死など命を奪った生命犯（殺人未遂を含む）の受刑者を対象にして実施されるものです。

ちなみに、覚醒剤を使用した受刑者に対しては「薬物依存離脱指導」、暴力団に加入して事件を起こした受刑者に対しては「暴力団離脱指導」といった更生プログラム（「特別改善指導」と言います。本書では「改善指導」と略します）が用意されています。このように、受刑者が起こした犯罪の内容に即して、刑務所でも更生のための指導を積極的に行う目的で２００６年5月に法律が改正されました。「刑事施設及び受刑者の処遇等に関する法律」がその新しい法律の名称です。その後、さらに改正され、現在は

「刑事収容施設及び被収容者等の処遇に関する法律」と名称が変更されています。もちろん２００６年までも刑務所では、矯正教育は行われていましたが、被害者の書いた手記を読ませたりビデオを見せたりするといった方法にかぎられ、事前にプログラムを組んで計画的に行うような内容ではありませんでした。

本来、刑務所は受刑者に刑罰を与えるところです。したがって、刑務作業という仕事を与えることが基本であって、その作業を遂行するためには何より刑務所内の規律の秩序が最優先されます。規律の秩序なくして、刑務作業はおろか矯正教育など行えないからです。規律の秩序の様子は、受刑者の刑務作業中に端的に表れています。一度、刑務所に見学に行ってみてください。どこの刑務所に行っても、10名ほどの受刑者が、まるで軍隊のように秩序正しく行進する姿を目にすることでしょう。

しかし、刑務作業という罰で受刑者は更生できません。刑罰はあくまでも社会的な制裁であって、受刑者の更生を援助するものではありません。出所した元受刑者の犯罪がマスコミで大きく取り上げられて批判が高まるなか、刑務所でも矯正教育をしっかりと行う必要性に迫られた結果、明治時代に定められた、いわゆる「監獄法」という法律が実に１００年ぶりに改正されたのです。

それでは、生命犯に対して実施される「被害者の視点を取り入れた教育」とは、具体的にどのような内容なのでしょうか。２０１０（平成22）年版の犯罪白書によると、この教育について、以下のような記述があります。法務省が作成した基本的なプログラムの内容です（難しい言葉が並んでいるので、読むのが面倒と思われた方は飛ばしてください）。

刑事施設では、殺人・傷害致死等の人の生命・身体を害する罪による受刑者であって、被害者やその遺族等に対する謝罪の意識が低い者に対し、特別改善指導として、「被害者の視点を取り入れた教育」を実施し、自己の犯した犯罪を振り返り、被害者等がどれほど大きな身体的・精神的な被害を受けるかを認識・理解させた上、被害者等へのしょく罪の意識を喚起し、慰謝等のための具体的方法を考えさせる指導を行っている。

指導の時間は、おおむね、1週間又は2週間に1回程度の頻度で、標準で1単元50分の指導を合計12単元実施している。指導の方法としては、刑事施設の職員や犯罪被害者支援団体のメンバー等による講義や被害者等に生の声で苦しみや悲しみ等を伝えてもらう講話を実施したり、被害者の心情等を内容とするビデオ教材等を視聴させ、又は被害者等の手記や生命の尊さを内容とする文学作品を読ませるなどした上で、受刑者に感想を述べさせるなどの方法のほか、グループワークやロールレタリングの処遇手法も用いられている。

文中に「しょく罪」というあまり聞き慣れない言葉がありますが、漢字では「贖罪」と書きます。「被害者の視点を取り入れた教育」を「しょく罪教育」と呼ぶことがあります。法務省が作成した文面と関連して考えると、一言で言えば、「しょく罪教育」の目的は、被害者の苦しみや悲しみを理解させて、自己の犯罪行為を反省し謝罪させることとなります。「そんなことは当たり前ではないか」と言われそうですが、この教育が極めて難しいのです。重大な犯罪を起こした非行少年や受刑者に自分のやったことがいかに人を傷つけ、どれほど悪いことをしたのかを理解させることは、まさに「言うは易《やす》く、行うは難《かた》し」なのです。効果的なしょく罪教育を行うことに、これまで多くの法務教官や刑務官らは頭を悩ませてきたのです。

ところで、上記のように、法務省は標準的なモデルを紹介していますが、具体的な実施方法は各刑務所に任されています。各刑務所が、それぞれの施設の現状に合うように、あの手この手と手を変え品を変え、悪戦苦闘し試行錯誤するなかで、更生プログラムを何度も作成し直し、実施しています。実施期間や授業回数もさまざまです。ちなみに、私の場合を紹介すると、LB指標の刑務所では、月に1回、合計7回の授業を10ヶ月の間に行っています。B指標の刑務所では、2週間に1回、合計8回の授業を約5ヶ月の間に行っています。2つの刑務所で期間が違うのは、何か特別な理由があるわけではなく、単に私の都合です。LB指標の刑務所は私が住んでいる地域から遠隔地にあるため、指導に行くのが月に1回ほどのペースになってしまうのです。できることなら、B指標の刑務所のように、ある程度期間を集中して更生プログラムを実施する方が間延びしなくていいと思います。

話を元に戻しますと、繰り返し述べてきたように、本来刑務所は刑務作業という罰を与える施設なので、新しく法律が改正されたといっても、これまで受刑者に対する本格的な矯正教育を行ってこなかったので、指導するための知識やノウハウの蓄積がありません。他方、少年院では、長年矯正教育が行われているので、少年院に務めていた法務教官が「教育専門官」という肩書で刑務所に配属され始めています。しかし、なにぶん少年院と刑務所とでは文化と背景があまりにも違いすぎるので、連携して指導に当たるにはまだまだ時間を要するというのが現状です。

## 矯正教育なんかしない方がマシ?

殺人を犯したのであるから、加害者である受刑者に、命を奪われた被害者の無念な思いや残された被害者遺族の気持ちを深く考えさせ、自分が被害者にいかにひどいことをしたのかを考えさせて反省させることは有効かつ必要な方法であると考えられるでしょう。ところが、この方法は、「正攻法」に思えますが、思ったような効果が得られていないのが実情です。

文献から例を挙げます。滋賀刑務所で行われた「被害者の視点を取り入れた教育」の研究結果です（寺村勇一・香西貴史「滋賀刑務所における『被害者の視点を取り入れた教育』の取組について」日本矯正教育学会第44回大会発表論文集　2008年）。指導内容をみると、法務省が紹介している内容と大差なく、犯罪被害の実態、被害者の心の苦しみなどをテーマとして被害者の苦悩を理解させ謝罪させる方法を取っています。考察のなかで、寺村らは、「あくまでも自己本位で、自己満足のための慰謝の気持ちに過ぎない面も見られるのが実情です」と述べています。

「自己本位で、自己満足のための慰謝の気持ち」とは、はっきり言うと、「自分が犯した事件を自分の都合のいいように解釈している」ということです。たとえば、「あなた自身も悪いことをしてきた。死ぬことも覚悟のうえだったでしょう」「あなたを殺害するのは運命だったのです」とか「あなたは命を奪われましたが、私は刑務所のなかに入ることになりました。私はあなたの分まで頑張って刑期を務めます」といった内容です。被害者遺族が聞いたら、事件当時の苦しみ・悲しみに加え、二重の耐えがたい怒りを感じることでしょう。

他にも、文献を取り上げたいところですが、「被害者の視点を取り入れた教育」の実践研究の報告は見当たらないのです。そもそも少年院や刑務所ではどのような実践が行われているのか、一般の人にはほとんど公開されていません。私のように矯正教育にかかわっている者でさえ情報を得るのに四苦八苦するのですから、まして一般の人は少年院や刑務所ではどのような教育が非行少年や受刑者に行われているのかほとんど知ることはできません。

わずかに実践報告を入手できるものとして、日本矯正教育学会が実施している学会の研究大会の「発表論文集」ならびにその成果を論文にした『矯正教育研究』と、財団法人矯正協会が出版している『刑政』という月刊誌の３つがあります。最初の２誌は日本矯正教育学会に入会しないと手に入りません。『刑政』という雑誌も一般の書店に並んでいるのではなく、『矯正教育研究』を出版している財団法人矯正協会に直接問い合わせをしないといけません。このように世に出ている矯正教育のかぎられた情報を知るには、情報を得るための「情報」が必要になってくるのです。

さて、実践研究の報告は「見当たらない」と書きましたが、「実施方法」を報告したものは先の３つの研究誌にときどき発表されています。一例を挙げると、宮澤充は２０１１年度の日本矯正教育学会で実施内容を報告しています（「市原刑務所における被害者の視点を取り入れた教育の展開」日本矯正教育学会第47回大会発表論文集　２０１１年）。ただ、内容を読むと、カリキュラムが紹介されているだけで、実施した結果、何が明らかになったのかが記されていません。そして、そのカリキュラムは、法務省が提示したマニュアル通りに被害者の実情を徹底して理解させ、謝罪させる方法となっています。この研究の最後に、宮澤は「『被害者の視点を取り入れた教育』とは、詰まるところ人の心について学ぶ教育である。加害者も被害者も決して一様ではない。心を学ぶのにマニュアルなどは存在しない。我々にできることは、それでもなお、カリキュラム作成し、実践をとおして改良・工夫を重ねていくこと、そして、その効果を十分発揮し得る教育的風土を日々の処遇において施設全体で醸成していくことである」と述べています。文章を読むと、宮澤の熱意は伝わってきます。しかし、宮澤は「マニュアルなどは存在しない」と言っておきながら、基本的な方向性は「反省させること」に置いています。いくら「改良・工夫を重ねていくこと」をしても、基本的な方向性が変わらないかぎり、この教育が効果を発揮する日が来るとは私には思えません。苦言を呈せば、研究とは、本来その「成果（何が明らかになったのか）」を盛り込むべきです。成果が記されていないことを考えると、うがった見方になりますが、この実施方法ではうまくいかなかったことを自ら証明していることになると私は考えます。

次に、統計を用いた量的な研究結果を紹介しましょう。刑事政策を含む社会政策に関する国際的な評価研究プロジェクトであるキャンベル共同計画によると、被害者の心情を理解させるプログラムは、驚くべきことに、再犯を防止するどころか、「再犯を促進させる可能性がある」という結果を報告しています（龍谷大学 矯正・保護研究センター編「キャンベル共同計画 介入・政策評価系統的レビュー」第1号 2008年）。この研究に携わっている浜井浩一は、あくまでも「仮説であるが」と断ったうえで、再犯を促進する理由として「被害者の心情を理解させることは、ある意味では彼らがいかに社会的に非難されることをしたのかを理解させることであり、自己イメージを低めさせ、心に大きな重荷を背負わせることになる。被害者が死亡している場合には、被害者の心情を本当に理解できれば、自然と『自分だけ生きていていいのか？』と思うはずである。／犯罪者に限らず、その状態で生き続けるのは苦しいはずである。このプログラムは、ある意味では、社会での生きにくさを増加させることにつながってしまい、社会不適応を促進しているのかもしれない」（『２円で刑務所、５億で執行猶予』光文社　２００９年）と述べています。

１回の研究結果で即断するわけにはいきませんが、キャンベル共同計画の研究結果が正しいとすると、教育を受けて再犯率が高まるのであれば、「何もしない方がマシ」と言わざるを得ません。教育を行うには、多大な費用と時間、そして何名もの支援にかかわる人が必要であるのに、教育をすることによって再犯を促進するのであれば、被害者にとっても、支援者にとっても、さらに言えば受刑者本人にとっても本当に悲しいことです。何より、新たな被害者を生み出すことが最大の問題です。

浜井は「仮説」と断っていますが、実際に受刑者の更生を現場で支援してきた経験から言うと、私は浜井の見解はけっして的外れではないと思っています。殺人を起こした受刑者に被害者の苦しみや悲しみを考えさせて、「自分は本当に悪いことをした」と心から悔やむことになった場合、「自分だけ生きていていいのか？」と考え、受刑者は自責の念を強めていきます。もちろんそれほどの罪深いことをしたのですから、受刑者が苦しむのは当然のことです。しかし、更生という視点から考えると、社会に出てから再犯する可能性が高まります。なぜなら、自己イメージを低くしていくと、社会に出てから他者との関わりを避け、孤立していくからです。そして、孤立こそ、再犯を起こす最大のリスク要因となります。自分の生き辛さに1人苦しみ続けた結果、「もうどうなってもいい」と思ってヤケクソになると、爆発、すなわち再犯という結果に至ってしまいます。「孤立」と「ヤケクソ」がセットになると、大きな事件が起きることは過去の数々の重大事件が証明しています。

「1度人を殺したのだから、2度目はないだろう」と考える方が多いでしょう。しかし、実際には逆のことが起きています。先の美達大和は「殺人という行為に対して人は心理的抵抗を持つ筈ですが、二回目の時は、初めての時に比べ、その抵抗が著しく低くなっている」（『死刑絶対肯定論　無期懲役囚の主張』）と述べています。このことは、私も数名の受刑者から聞いています。彼らは真顔で話します。「1回目は、覚悟を決めて、殺害に及んだ。もう二度と人を殺すことはないと思っていたのに、2回目の方が簡単に（殺害を）してしまった。自分でもなぜだか分からない」と。冷静な口調で過去の事件のことを話す受刑者の姿を見ていると、「なぜこのような人が2度も殺人という重大な犯罪を起こしたのか」と思わないではいられません。

しかし、これにも理由があるのです。出所後の生活が最大の問題なのですが、1度目の受刑生活で、何も学ばなかったことも一因です。否、何も学ばなかったわけではありません。1度目の受刑生活で彼らが身に付けたことはただ一つ、「まじめに（受刑生活を）務めること」だけです。そして、驚くべきことに、この「まじめに務めること」にこそ、再犯に至る可能性を孕んでいるのです。

## 「まじめに務めること」が再犯を促す

受刑者に授業を始めた初期の頃、授業を進める方針として、私が「本音で話すことを大切にしたい」と伝えると、数名の受刑者から「ここ（刑務所）では、そんなことはできない」と反論されることがありました。理由を問うと、「本当のことを言うと、悪く思われるから（注・外部の支援者が授業をするときは刑務官が立ち会っています）」とか「他のメンバーに本音を言うと、それが誰かにバレて、（他の受刑者から）何を言われるか分からない」と言います。初期の頃は、彼らが本音を言うことに抵抗を示すと、それも本音の一つと捉えて、私は黙って聞いていました。受刑者が仮釈放を得たいがために刑務官から良い評価を得たいと思う気持ちや、本音で言ったことが曲解されて他の受刑者に変な噂となって広まることを恐れる気持ちがよく分かったからです。それほど、受刑者は、刑務官の目を気にしているのと同時に、他の受刑者仲間を信用していないのです。一言で言えば、誰にも心を開いていないのです。

しかし、あるとき私は「彼らが本音を言えない気持ちも分からないではない。しかし、だからと言って、このままでいいのだろうか」と考えるようになりました。本音を言わず、自分の感情を押し殺し、心を開ける仲間をつくらないまま、ただ刑務官の言うままに「まじめに務めること」によって、出所していく受刑者はどうなるのだろうかと思ったのです。

本音を言わず、言われた通りに刑務作業だけを行っていれば、確かに「まじめに務めている」と刑務官に評価されて、仮釈放が得られやすくなります。しかし、問題は出所後に起こります。本音を言わず、何年もの間、言われたままに刑務作業をしてきた受刑者が、出所後に人とうまく付き合えるはずがありません。受刑者が本音を言わないで無事に出所すれば、出所後にそのツケが回ってきます。本音を言わない態度が染みついて、誰ともかかわりを持てず孤立していくことは容易に想像できるからです。

刑務所では、規律秩序が最優先されますから、受刑者にとって刑務作業を指示する刑務官の言うことは絶対に守らなければなりません。たとえば、作業をする手順として、左に置いてある工具を右に置いた方がスムーズに作業できると受刑者が考えたとしても、自分の考えを述べることは許されません。刑務官が「工具は左に置く」と言えば、受刑者はその命令に従うしかないのです。

こうなるのも、分からないでもありません。１人の受刑者の考えを取り上げれば、他の受刑者の発言も聞き入れないといけなくなるからです。何十人、あるいは場合によって数百人単位の受刑者の作業をわずか数名の刑務官で注視しているのですから、１人の意見を取り上げれば収拾がつかなくなるおそれがあります。刑務所が最も恐れることは、受刑者に対する管理秩序が保てなくなることです。社会で大暴れしてきた受刑者が、仲良く集団生活を送れるわけがありません。常に一触即発の状態にあります。作業中でも受刑者同士で喧嘩が起きることはけっして珍しいことではありません。喧嘩が発展して、マスコミに公表しないといけないような事故が起きることは刑務所にとって最大の汚点です。それだけは絶対に避けたいと刑務所側は考えます。それゆえに、受刑者にとって、刑務官の指示、命令は絶対服従となるのです。

もし受刑者が刑務官の指示に対して自分の意見を述べたとすると、規律違反となって、「懲罰」になることがあります。懲罰とは、その名が示すとおり、規則に従わなかったため、「こらしめること」を意味します。懲罰になると、審査会が開かれた後（実際は、審査会というよりも厳しい説諭の場）、受刑者は個室に入れられて、数日間反省することを求められます。とうぜん懲罰はマイナスポイントになりますから、仮釈放の許可にも響きます。したがって、受刑者は懲罰を受けないように、感情を押し殺して「うまく立ち回ること」になるわけです。そうすると、必然的に「まじめに務めること」が一番賢明な方法となるのです。

さらに付け加えると、先に法律が改正されて、刑務所では積極的に受刑者に改善指導を行うように義務づけられたと書きましたが、実際のところ、改善指導を受けられる受刑者は圧倒的に少ないのです。なぜなら、先にも書いたように、受刑者を指導するノウハウがないことと、支援できる人間が極めて少ないからです。もっと言えば、厳罰化の影響で長期刑の受刑者の数が増える一方で、経費削減のため、支援者だけでなく、刑務官の数が減らされているのです。そもそも刑務所というところは、何かを生産する場ではありません。うがった見方をすれば、そういうところにはできるだけ金をかけたくないというのが国の本音なのかもしれません。

こういう状況にあり、全員の受刑者に授業を実施できないので、テキストを作成して受刑者に課題を書かせて改善指導の代わりにしている刑務所は少なくありません。しかし、いかなるすぐれたテキストであっても、「人間」が介在しないで「紙」だけで受刑者が更生できるとはとうてい思えません。したがって、多くの受刑者は、改善指導を受けていないか、受けたとしてもお茶を濁した程度の指導を受けただけで、刑務所を出所していきます。そう考えると、極端な言い方になりますが、彼らは、刑務所に入るときと出るときとでは、ほとんど考え方は変わっていないことになります。否、「二度とこんなところには来ない」と誰もが思っています。「これからは社会でまじめに頑張っていきます」と固く誓って出所していく受刑者もいます。しかし実際は、半数以上の者が刑務所に戻ってくるのです。

どうしてこういうことになるのでしょうか。受刑者は、入所したときと出所したときでは考え方が変わっていないと書きました。このことも問題ですが、さらに注目しないといけないことは、入所しているとき「まじめに務めていること」が受刑者の心に重大な影響を与えているのです（もちろんまじめに務めないで、規則違反を連発し、仮釈放をあきらめている受刑者も少なくありませんが）。まじめに務めることは、自分の思いや感情を誰にも言わないで、抑圧することになります。それが長く続けば続くほど、抑圧は大きなものとなります。そうすると、彼らは抑圧している分だけ「パワーアップ」して出所していくと言うこともできます。出所した受刑者が大きな犯罪を起こす場合はこれに当てはまることが多いと思います。

また、刑務官の評価を気にするだけでなく他の受刑者に心を開かない状態が続けば、社会に出ても常に他者の目を気にする人間になります。そうした態度は、容易に人間不信となり、人とうまく付き合って生きていく意欲を奪います。結果として、元受刑者は、社会で良好な人間関係をつくれず孤立してしまい、仕事を得たとしても、すぐに人間関係でつまずき、せっかく手にした職さえも辞めてしまいます。何十年も受刑生活をまじめに務めて、「二度と刑務所には戻ってこない」と固く誓った元受刑者が、金に困ってパンを1個盗み、刑務所に舞い戻ってくるという「悲劇」が現実に起きています。刑務所が「福祉の最後の受け皿」と揶揄《やゆ》されるのは、こうした問題が背景にあるのです。

刑罰は長ければ長いほど、罰は重ければ重いほど、それだけ人を悪くしてしまうと言えます。受刑者は悪いことをした犯罪者であることは間違いありません。したがって、刑罰を与えることは避けられません。しかし一方で、今の刑務所のあり方、さらには刑罰のあり方について、根本的に考え直す必要があると考えます。

## 大半の受刑者は反省していない

受刑生活では「まじめに務めること」が受刑者の「目標」になっていますが、本来受刑者は自分の犯した罪に対して、心から反省し、更生することを目標とするべきです。しかし残念なことに、現実は異なります。大半の受刑者は反省していません。美達大和も「自分の行なった犯罪について反省したり、被害者に申しわけがないと感じている人はじつは本当に少ないのです。犯罪事件は人それぞれ違いますが、何かの欲望のために自分が他人の生命を奪ったことを反省するのを見聞きすることは滅多にありません」（『ドキュメント長期刑務所　無期懲役囚、獄中からの最新レポート』河出書房新社　２

009年）と述べています。

また、無期懲役の刑を受けて仮釈放された金原龍一も「私がこれまで見続けてきた殺人事件の犯人のなかで、常時被害者のことを思い、1日たりとも欠かさず反省し続けているような受刑者は皆無に等しかったと思います。むしろ『被害者に対して申し訳ない』などと言えば、『それがどうした』『何を言っとる、もうしゃあないやろ』『仮釈が欲しいんか』と、同囚から奇異の目で見られ、反発されるのがオチです」（『仮釈放された『無期懲役囚』が語る「獄中31年」の痛恨人生」『「死刑」と「無期懲役」』宝島社2009年）と語っています。反省していないどころか、反省すること自体が同囚から非難されることにもなるのです。そんなことが本当にあるのかと思われるかもしれませんが、美達や金原の語りは、私自身も何名もの受刑者から直接聞かされたことなのです。

けっして受刑者の肩をもつわけではありませんが、受刑者が反省していないのは、今の状況では無理もないことかもしれません。受刑者は「1年があっという間に過ぎていく」とよく口にします。単調な刑務作業は時間の感覚を麻痺させます。旭川刑務所に収容されていた元受刑者は、「先が長すぎて、何をしたらいいか分からず、毎日を惰性で過ごしていた」と語っています（2010年3月5日付読売新聞）。単調な刑務作業を繰り返すだけの毎日を送っていると、まじめに務めて出所することだけが目標となり、余程のことがないかぎり、彼らの頭のなかから被害者に対する罪の意識が薄れていくのかもしれません。実際には心の片隅には常に「被害者」の存在はあるはずです。しかし、単調な毎日を漫然と過ごすだけの受刑者にとって、被害者のことを考えることは、「最も向き合いたくないこと」なのです。被害者側にとっては耐え難いことですが、彼らにとって、被害者のことを考えることは辛いので避けて通りたいのです。まじめに務めていることで罪を償っているのに、「なぜ被害者のことまで考えなくてはならないのか」というのが、まことに身勝手なことですが、彼らの言い分なのです。

厳罰化によって、刑期が長くなり、長期刑の受刑者の数が増え続けています。そうなると、ますます受刑者に教育を行うことが難しくなります。連続強姦事件を起こして懲役16年が確定し、２００４年から千葉刑務所に服役している受刑者は「法律が変わっても作業ばかりで教育が受けられない。反省のない人がそのまま出所している」と語っています（２０１０年12月５日付読売新聞）。

## 改善指導を自ら希望する受刑者はほとんどゼロ

ところで、受刑者は教育、すなわち改善指導を受けることに対して、どのように考えているのでしょうか。受刑者は、自ら手を上げて改善指導の受講を希望することはほとんどありません。皆、受講することを命令されるわけです。受刑者は受講を拒否することはできません。私が授業の最初に、「授業を受けたいと思っていた人はいますか」と質問すると、手を上げる受刑者はほとんどいないのです。「私は授業を受けたくありません。受けるように言われたから、受けにきました」とはっきり言う受刑者もいます。ここまで明言しなくても、「できることなら、受けたくない」というのが大方の受刑者の反応です。こうした傾向が顕著に表れるのは「薬物依存離脱指導」を受講する受刑者です。彼らは、自分自身が加害者であるとともに、被害者でもあります。被害者がいないわけですから（実際には家族や周囲の人間は迷惑をかけられているのですが）、加害者意識が希薄なだけに罪の意識を持たせることがなおのこと難しくなります。「誰にも迷惑をかけていない」「（覚醒剤の）快楽は忘れられない。止めるつもりはない」ときっぱりと言い切る受刑者が少なくありません。彼らは、反省することよりも、「二度とパクられない（逮捕されない）方法」を考えるのです。こうした受刑者に教育を施しても、右の耳から左の耳へと流れるだけになることが多いのです。

このように、「ただ刑期をまじめに過ごせばいい」と考えている受刑者を相手に、私たちは改善指導を行っているのです。もちろん「二度と刑務所には来たくない」と大半の受刑者は思っています。しかし、二度と犯罪を起こさないと思う気持ちは、積極的に改善指導を受けたいという気持ちとイコールではありません。「被害者のことや覚醒剤の問題など考えたくない。とにかくまじめに務めて、早く出所したい」。基本的に、受刑者はそう考えているのです。一向に罪の意識を自覚しない受刑者を目の当たりにするがゆえに、支援者はますます反省を求める姿勢を強めてしまうのかもしれません。

ここまで絶望的なことばかり書いてきましたが、改善指導を受講するなかで、変化していく受刑者は少なくないのです。受刑者を支援する私たちは、1人でも多くの受刑者が罪の意識を自覚し、二度と犯罪を起こさないことを目的に、改善指導に臨んでいます。彼らが変化するための私の基本姿勢は、反省させないことです。具体的な内容については後述します。

## 形骸化したロールレタリング

第1章でロールレタリングについて触れましたが、ここでこの技法についてもう少し詳しく説明します。

ロールレタリングとは、今から30年以上前に、日本の少年院の現場で生まれました。基本的な実施方法は、架空の形で（つまり、相手に読んでもらうために書くことが目的ではない）、「自分から相手へ」の手紙を書いたり、ときには相手の立場になって「相手から自分へ」の手紙を書いたりして、往復の書簡をくり返すうちに、自分自身の内面をみつめたり他者を理解しようとしたりする心理技法です（春口徳雄『ロール・レタリング（役割交換書簡法）入門』創元社　１９８７年）。初めてロールレタリングを実施したのは、熊本県にある人吉農芸学院という少年院で法務教官を務めていた和田英隆という人です。和田は、それまで真面目に少年院での生活を送っていたのに、義母が引き受けを拒否したことをきっかけに荒れ始めた少年に、「自分の思っていることを母親に対して書いてみなさい」と言って、原稿用紙を手渡しました。少年は、自分を引き取ってくれない母親に対する不満や怒りを思い切り原稿用紙に書きました。すると気持ちがすっきりとして、落ち着きを取り戻したのです。その少年の変容する姿を見て、この技法は少年院で活用できると考えた和田は、当時人吉農芸学院の次長であった春口らとともに、ロールレタリングの研究を始めました。非行少年に罪の意識をもたせることに苦慮していた当時の矯正界にとって、ロールレタリングはうってつけの方法として瞬く間に広まり、今ではすべての少年院でこの技法が活用されています。

なぜ、ここでロールレタリングを取り上げたかというと、この技法の使われ方が今の矯正教育のあり方と深く関係があることを説明したいからです。30年以上も前に開発され、今では日本中の少年院でこの技法が活用されているにもかかわらず、ロールレタリングという名前さえ聞いたことがない人がほとんどではないでしょうか。

それではなぜ、ロールレタリングがうまく活用されていないからです。具体的に言うと、ロールレタリングが世に広まっていないのでしょうか。理由は簡単です。ロールレタリングが「反省」の「道具」として使われているのです。矯正教育でのロールレタリングは現在、「自分から相手へ」と書いたら、次は「相手から自分へ」の返信文を書くというようにマニュアル化されていて、とくに「相手の立場になって書かせる書き方」が重視されています。被害者はもちろんのこと家族や周囲の人間がどれほど苦しんだか、「相手の立場になって考えてみなさい」と言って導入するのです。この書かせ方は、当たり前と思われがちですが、実際にはあまり効果が得られていません。

実際に書いてみたら分かりますが、相手の立場になって「相手から自分へ」の手紙を書くことは容易ではありません。非行少年だけでなく、私たちも普段、ほとんど相手の立場になって物事を考えないものです（他者の目を気にすることはありますが、この場合の「他者の目」とは他者からよく見られたいと思っている意識であって、結局は自分のことを考えているのです）。しかし矯正教育では、「相手から自分へ」の手紙を書くことを非行少年や受刑者に求めようとします。なぜなら、相手の立場から自分をみつめさせて「反省させよう」という目論見《もくろみ》があるからです。具体的には、往復書簡にこだわって、しかも事件が起きて早い段階で「私から被害者へ」と「被害者から私へ」とか、「私から（迷惑をかけた）母親へ」と「（迷惑をかけた）母親から私へ」といったパターンで手紙を書かせるのです。

意図するところは分かります。早く罪の意識をもってほしいのです。しかし人間の心理として、無理なことをすると効果がないことは繰り返し述べてきた通りです。私たちでさえ、迷惑をかけた人、たとえばその人が母親であるとしたら、「私から母親へ」と書いた後、母親の立場になって「母親から私へ」の手紙を書くことは苦しいものです。

母親との関係が良い人なら書けるでしょう。しかし母親との関係が悪い人にとって、母親の立場になることは辛いものです。辛いことを無理して書かせようとすると、表面的になったり形式的になったりしてしまうのです。

## 「自分を虐待していた母の気持ち」になれるか？

幼少期に母親から虐待を受けていた非行少年の場合を考えてみてください。虐待をしていた母親の立場になって、母親の気持ちを考えさせることは、少年に非常に酷なことを要求していることになります。母親の立場になってロールレタリングが書ける条件は、少年が母親に対する否定的感情を十分に外に出すことです。抑圧していた感情を吐き出すことによって、はじめて相手の立場というものを考えられるのです。

しかし矯正教育では「反省した」という「結果」を早く求めようとする傾向がありま す。それゆえ「私から相手へ」と書いたら、次は必ず「相手から私へ」を書かせる形にこだわって、早い段階で相手の立場に立たせようとするのです。人間の気持ちの整理とは、人それぞれ異なっているのが当たり前で、決まったパターンで書かせること自体に無理があります。

かつて私は、矯正教育が活発に行われていることで有名な某少年院に招かれ、ロールレタリングの研修会の講師をしたことがあります。その少年院でロールレタリングを活用した「被害者の視点を取り入れた教育」のプログラムを見せてもらいました。さぞかしロールレタリングが効果的に活用されているものと期待していたところ、プログラムの内容を見て、愕然となりました。被害者の心情を徹底的に考えさせて、これでもかというくらいに「私から被害者へ」と「被害者から私へ」と交互に手紙を書かせているのです。手紙を書かせる前に「犯罪被害者のことを知る」「被害者の思い・願い」「『責任』をとる」といったテーマの文章を少年に読ませたうえで、被害者との間で往復の手紙を実に9回も書かせるのです（合計すると18通！）。そして最後に、「被害者への謝罪の手紙」を書いて終了です。

自分の内面をみつめることなく、ただこのパターンを繰り返すことで罪の意識が深まるのか私ははなはだ疑問です。「悪いことをしたのだから、やらせるしかない」と言われればそれまでですが、何度も言うように、人間の心理はそう単純なものではありません。この書かせ方で、指導者の思惑どおりに反省へと導けるとは私には思えません。

ロールレタリングに関して、興味深いデータがあります。古いデータですが、ある少年院で、実際にロールレタリングを書いた非行少年にアンケートをした研究です（竹下三隆・榊原康伸「役割交換書簡法の集団指導への応用と実践」『矯正教育研究』第38巻1993年）。45名の少年に「ロールレタリングは役に立ちましたか」と質問したところ、32名（71・1％）が「はい」と答えています。逆に言えば、約3割の少年は「役に立たない」と考えていることになります。

さらに、自由記述の質問をみると、肯定的な回答をした少年は、ロールレタリングを行った感想として、「もやもやしていた気持ちがなくなってすっきりした」とこの技法の効果を書いている一方、「書く相手の範囲を広げてほしい」「制限しないでほしい」と注文を付けている少年もいます。つまり、ロールレタリングを書く「相手」を自分の自由にしてほしいということです。

次に、否定的な意見をみると、「相手の気持ちになって書くのは難しくて、表面的にしか書けなかった」「先生に見られるからちゃんと書かないといけないとしか思えなかった」「2か月に1回ぐらいで十分である」と回答としています。私はこの研究を行った竹下氏に直接会って、研究内容についてさらに聞きました。竹下氏は、感想のなかには、「また（ロールレタリングを）やるんですか」とロールレタリングそのものに対する不満を書いている少年もいて、パターン化した書き方では限界があると述べました。

竹下の研究結果から考えると、少年の書きたい気持ちに合わせて、ロールレタリングを書かせないと効果があまり得られないのがよく分かります。そうすると、某少年院で行っているような「被害者だけ」をテーマにした場合、被害者以外のことが書けないので、本音は秘めたまま、型どおりの文章を書く者が出てくる可能性があります。

考えてみれば分かります。大半の少年にとって、被害者との往復書簡を全部で18通も書くのは「苦行」となるでしょう。しかし、教官の指示は絶対です。最悪の場合、教官の気に入るような文章を書くことになります。往復の形で何通も書かせることが必要だという意見は分かります（こうした意見の背景には、「たくさん書かないと反省できない」という思い込みがあるからです）。それでも無理なものは無理なのです。ロールレタリングは、自分の心のなかにため込んでいた嫌な思いや感情を思い切り吐き出すところに最大の効果があるのです。したがって、私は、往復の手紙ではなく、「自分から相手へ」の形でロールレタリングを書き進めることが有効であると考えています。

刑務所で面接をしていると、少年院に入っていたときにロールレタリングを書いた経験のある受刑者に数多く出会います。彼らの口から、「そんなものを書いた記憶がある。

とりあえず反省文を書いておけばいいのだろう」という言葉が出るたび、「やっぱりな」との思いを抱きます。ロールレタリングが「反省文の書き方講座」になっているのです。ロールレタリングは嫌な感情や思いを吐き出して「心の整理」をする技法なのに、これでは本末転倒と言わざるを得ません。

### 否定的感情を吐き出すことが出発点

第1章で私は、受刑者が、私たちが思っている以上に、被害者に対して不満をもっている場合があると書きました。さすがに人を殺めたことが悪いのは分かっているので、被害者に対する不満があっても、受刑者仲間に対してならともかく指導者の前でそれを口にすることはありません。

しかし、私との面接や授業のなかで、本音を話してもかまわないことが分かってくると、被害者に対する不満を口にする受刑者がいます。不満や怒りといった否定的感情があれば、それを外に出すように促すのが私のやり方です。それがたとえ被害者に対してであっても、です。ここで断っておきたいことは、私は命を奪われた被害者や被害者遺族の辛い心情を無視しているわけではありません。人を殺めるということは絶対に許されることではありません。しかし加害者を支援する立場になった場合、受刑者が立ち直るためには、まずは彼らの心のなかに抑圧されていた感情を吐き出して、一つひとつ気持ちの整理をしていくことが必要なのです。

具体例を挙げましょう。第2章で取り上げた【ケース2】の公男のケースで説明します。名前が「きみょう」と呼ばれて集団でいじめを受けて、家の金を持ち出して母親に反省文を書かされた受刑者です。彼は、友人の誘いで暴力団に加入して、組長に頼まれて人を殺めました。私が初めて公男と面接したとき、いろいろと話をするなかで、彼は被害者に対する不満を口にしました。公男は「被害者が組に迷惑をかけたのだから、きっかけをつくったのは被害者の方だ。こんなところに入れられている私の方こそ被害者だ」と言いました。この話を聞いて、私は彼に「被害者に対して、言いたいことを手紙の形で書いてくれませんか」と言いました。すると彼は、次回の面接で「私から被害者へ」のロールレタリングを持参してきました。それが次の手紙です。

【私から被害者へ】

「被害者である田中さん（仮名）にこんなことを書くのは酷なことですが、田中さんが組の邪魔になるようなことをしなければ、私はあなたの命を奪うようなことはしなかったのです。あなたがいたために、どれだけ多くの人が苦しんだのか、あなたは分かっていますか。そして、あなたを殺めてしまった私は、刑務所に入り、今日まであなたを怨《うら》み続けました。あなたさえいなければ、こんなところに入ることはなかったのだと何度も苦しい思いをしました。あなたを恨み続けまして、私をここまで追い詰めたのは、あなたのせいだということを、あなたは分かっていますか。悪いのはあなたの方なんですよ。（中略）

カウンセラーの先生に言われて、田中さんへの思いを初めて書きながら自分の心にいろいろなことを問いかけてみると、田中さんが悪いと書いていましたが、私が田中さんの命を奪った事実はけっして消えることはないことに初めて気づきました。私は田中さんのことを悪いと思い続けることで、自分のしたことから目を背けていたのです。こんな当たり前のことに気づくことができなかった私は、本当にひどい人間でした。田中さん、本当にごめんなさい。私が悪かったのです。私に愛する妻や子がいるように、田中さんにも大切な家族がいることを私は少しも考えることはありませんでした。なんであんなことをしてしまったのだろう……。言葉で謝っても許してもらえることではありませんが、本当にすみませんでした」

面接で公男は、ロールレタリングを書いて、自分のしたことに初めて向き合うことができたと語りました。さらに公男と話を進めていくと、いじめられたときのことが話題になりました。私は、いじめた子どもと母親に対して言いたいことがあれば、いじめた子と母親への2通の手紙を書いてほしいと公男に求めました。

【私からいじめた子へ】

「私をいじめて面白かったですか? 人を苦しめて楽しい? 私がいじめる側になっても全く楽しくも面白くもなかった。いじめられていた時の自分を見てる様で、心が空しくなったよ。人の苦しみ、悲しみをもて遊んで楽しいなんて、それは人間じゃないと私は思うよ。

傷つけられる立場、傷つける立場をそれぞれ体験して、自分の苦しみ、人の苦しみを共感して、泣き、笑い、心を分かりあって過ごすのが友達だろ?

今私は、いじめたお前たちに言いたい。人を傷つけるということは自分を傷つけ、自分を汚すことだと気づいてほしい。

私は、あの日より道をはずれて、人を傷つけてばかりいたから、刑を背負うことになりました。今はもう人を傷つけて楽しいなんて思いません。人の痛みを分け合って生きることこそ人であるとお前たちにも気づいてほしい。私は切にそう思って過去を償って生きています。

いじめが人の人生を変えたんじゃないか。あなたたちは実感してほしいです」

【私から母親へ】

「母さんへ　僕を生んで育ててくれてありがとう。母さんは僕が4回も犯罪を犯し、あっちこっちに借金をつくり、それをずっと死ぬまぎわまで払ってくれたよネ。そのやさしさをなぜ僕が少年だった頃、してくれなかったの？　貧乏だったから、今だから言えることだけど、僕はあの頃苦しく悲しい毎日だったんだよ。

僕が言っていることを心に受けとめ、なぜ抱きしめてくれなかったの？　いじめられ苦しくもがき、母さんに助けを求めたのに……。そのために僕は万引きをしたり、不良仲間に救いを求め、一緒に悪いことをして悪に染まり、自分を守っていったんです。いじめられ辛いことを誰よりも自分が知っているのに、今度はいじめる側になり、悪い道を突っ走り、そんな時母さんはどんな風に僕のことを見ていたんですか？　あの時もう少し僕の話を聞いていてくれたら、人をいじめたり犯罪に染まったりしなかったかもしれないよ。

でも最後はやっぱり自分が弱かったんだし、すべて非は自分にあるのはちゃんと分かっているよ。ただ手を差しのべ抱きしめやさしくしてくれていたら、ちがった人生があったんじゃないかと思うんです。母さんを責めているんじゃなく、僕のＳＯＳを受け止めてほしかったんです」

面接で、公男は「いじめを受けていたとき、本当は自分の気持ちを母親に受け止めてもらいたかったことにはじめて気づきました。母親に愛してもらいたかったことに気づきました」と涙を流しながら語りました。私は、公男がロールレタリングを書いて自分自身の内面と向き合った結果、大切な気づきを得たことを称《たた》えました。すると公男は、「自分は今まで強がって生きてきました。これからは人と温かい関係をつくっていきたいです」と言いました。ロールレタリングで心のなかにあった否定的感情をはじめて出せたことで、公男は「愛情」の大切さに気づいたのです。そして、後述するように、ここが彼にとって更生への道の第一歩となりました。

公男の事例を見ても分かるように、ロールレタリングは自分の心のなかにある否定的感情を吐き出すことによって、心理療法としての効果を発揮します。はじめてロールレタリングを実施した和田が、引き受けを拒否された少年に思い切り自分の気持ちを書かせて「すっきりした気持ちになったこと」が、ロールレタリングの原点なのです。それが、いつのまにか、矯正教育では相手の立場に立たせて反省させる方法として定着してしまいました。ロールレタリングで「りっぱな反省文」を書かせて納得している法務教官の姿は、生徒指導で「りっぱな反省文」を書かせる教師のそれと重なります。

## 「内観療法」の問題点

日本生まれの心理療法として、ロールレタリングと並んで少年院や刑務所の矯正教育で活用されているのが内観療法です。内観療法は、奈良県に生まれた吉本伊信が創始しました。浄土真宗の一派に伝わる「身調べ」という修行法を、一般の人にもできる方法として確立したものです。内観療法が非行少年や犯罪者を矯正するために少年院や刑務所に導入されたのは、今からおよそ60年前の１９５４（昭和29）年です（吉本伊信『内観四十年』春秋社　１９６５年）。自ら内観を体験した矯正職員が指導者となって、受刑者の指導に当たるようになったのです。

具体的な実施方法は、相手との関係において、①して貰ったこと、②して返したこと、③迷惑かけたこと、の３つについて、具体的な事実を想起させます。最初の対象者は、無理のないかぎり「母親に対する自分」というテーマを与え、それが終われば次々と本人の生育史において重要な関係のあった人（たとえば父親、きょうだい、友だち、教師など）、一人ひとりに対する自分を調べさせます。これを、幼少期から現在に至るまで、だいたい３〜５年ごとの年代順に区切って、内観していきます。通常は、「集中内観」といって、日常的な刺激が遮断された場所（「内観研修所」というものが各地にあります）に1週間泊まり込んで、朝5時から夜9時までの実に約16時間、食事や入浴以外の時間すべてを内観の時間に費やします。

内観療法は、３つのことについて調べていくのですが、すべてを等しく調べるのではなく、３つ目の「迷惑かけたこと」に多くの時間をかけるところに特徴があります。具体的に言うと、１００分の時間があるのなら、「して貰ったこと」に20分、「して返したこと」に20分、最後の「迷惑かけたこと」に60分の時間配分で内観をするように指示します。このような時間配分を取る理由について、奈良にある内観研修所の創設者である三木善彦は、以下の3つの思考様式があることを述べています（『内観療法入門』創元社　1976年）。

第一は「相手に借りはないかと考える」という思考様式です。「して返したこと」は「貸し」になり、「して貰ったこと」は「借り」になります。「貸し」はいつまでも覚えているが、「借り」は忘れやすいため、それを想起させるのです。「迷惑かけたこと」は相手に損害を与えたことになるから、これも「借り」です。忘れていた「借り」を洗いざらい掘り起こし、いかに「借り」が多かったのかを気づかせるのです。

第二は「相手はともかく、自分はどうであったかと考える」という思考様式です。内観をする者が他者を非難ばかりしていると、指導者（1～2時間毎に、内観中に「どういったことを調べましたか」と聞きに来る人）は「相手を非難する前に、まず自分がどうであったかを考えなさい」と相手に向けていた眼を自分の方に向けるように指導するのです。相手にもそれなりの欠点や非難すべき点があるかもしれないが、その前に、まず自分を深く省みることが必要だというのです。この思考様式を三木は「自責的思考様式」と呼んでいます。

第三の思考様式は「相手の立場に立って考える」という視点です。指導者は、自己中心的な見方をすることを戒め、「そのとき、相手はどのような気持ちだったでしょうか」と問いかけ、相手の立場に立つように示唆します。以上の3つの思考様式をまとめると、「相手に借りはないか」「自分が悪くないか」「相手の気持はどうか」をみつめさせることになります。

そうすると、内観をする者は、「して貰ったこと」ばかりで、「して返したこと」は少なく、「迷惑かけたこと」がいかに多かったかを考えることになります。その結果、内観者は、「こんなにも相手に迷惑をかけてきた自分が、見捨てられることもなく生かされていること」に気づき、他者の自分への愛情がしみじみと感じられ、感謝の念やすがすがしさが自然と湧きあがってくるというのです。

私たちは内観療法をどう考えればいいでしょうか。少なくとも言えることは、指導者が罪の意識を持たせようと目論んでいれば、この方法は「反省させる」というパターンになってしまうということです。あえて言えば、矯正教育で実施する場合、内観療法こそ、受刑者に「反省させる心理療法」としてうってつけの方法となるように思います。

非行少年や受刑者の大半は不遇な環境のなかで生きてきています。暴力を受けていたり、養育を放棄されたりして、虐待を受けていた者も少なくありません。そうした非行少年や受刑者に対して、「迷惑かけたこと」を中心に考えさせることは、「酷なこと」ではないでしょうか。

確かに彼らは親に大きな迷惑をかける行動をしました。それは、まぎれもない事実です。しかし、迷惑をかけるきっかけをつくったのは彼らが親から「迷惑をかけられたこと」にあるのではないでしょうか。彼らの心の奥底には、不遇な環境を生き抜くなかで、親から受けたさまざまな不適切な「扱い」によって生まれた否定的感情が抑圧されています。そうした感情を吐き出させないで、逆に「迷惑かけたこと」を考えさせることは、抑圧している感情に蓋をすることになります。これでは、ロールレタリングの誤った使い方と同じです。

内観療法そのものを否定しているわけではありませんが、実施に際して「反省ありき」の考え方が先行していると、ロールレタリングを含めて、あらゆる心理療法がその本来の効果を失うことになります。受刑者に改善指導を行う場合、具体的な指導内容を検討する前に、指導者の基本的な考え方や姿勢の方に目を向けないといけません。

## 「加害者の視点」から始める

「被害者の視点を取り入れた教育」、すなわち被害者の心情を理解させ反省させる教育は、逆に受刑者の感情を抑圧させる方法になっていると私は考えています。公男のケースでみたように、被害者に対する不満を持っている受刑者は少なくありません。そして被害者だけでなく、親や教師、友だちや仲間に対しても、受刑者は心のなかに否定的感情を抱え込んでいることがあります。否定的感情を奥底に抱いている受刑者に対して、被害者の苦しい思いを考えさせることから始めることには無理があります。

実際に、公男は、受刑生活がすでに10年近く過ぎていたにもかかわらず、私と面接するまで被害者やいじめた子、そして自分の気持ちを受け止めてくれなかった母親に対する不満を心のなかにずっと持ち続けていたのです。相手に対する不満があると、前に進めません。不満感情が心のなかでずっとくすぶっているので、新しい気づきや違った価値観が得られません。ロールレタリングで不満感情を書けたことによって、はじめて公男は自分の問題と向き合うことができたのです。10年の年月を経て、ようやく更生に向けたスタート地点に立てたわけです。

公男が被害者に対して不満を書くことは、「加害者の視点」に立っていることになります。そうなのです。「被害者の視点」ではなく、「加害者の視点」から始める方が、一見遠回りのように思えて、実は本当の更生への道に至る近道なのです。

受刑者は、例外なく、不遇な環境のなかで育っています。親からの虐待、両親の離婚、いじめの経験、貧困など、例を挙げればキリがありません。受刑者は、親（あるいは養育者）から「大切にされた経験」がほとんどありません。そういう意味では、彼らは確かに加害者ではありますが、「被害者」の側面も有しているのです。被害者だからと言って、人を殺したり覚醒剤に手を染めたりすることはけっして許されることではありません。しかし支援する立場になれば、加害者である受刑者の、心のなかにうっ積している「被害者性」に目を向けないといけません。このことが分かれば、最初から受刑者に被害者のことを考えさせる方法は、彼らの心のなかにある否定的感情に蓋をしてさらに抑圧を強めさせることになるのは明らかです。したがって、まずは「加害者の視点」から始めればいいのです。そうすることによって、「被害者の視点」にスムーズに移行できます。受刑者が「被害者の視点」を取り入れられる条件は、「加害者の視点」から始めることと言えます。

このように、私の「被害者の視点を取り入れた教育」は、実際には「『加害者の視点』

を取り入れた教育」です。授業で私は、被害者のことではなく、まずは加害者のことを取り上げて受刑者に自由に語らせることにしています。最初に取り上げるのは、私が本書で紹介した「模範的な反省文」です。この反省文を読ませて、感想を自由に話してもらいます。そうすると、「上辺だけだ」とか「りっぱな反省文だ」などといった回答が返ってきます。「上辺だけだ」と答えた受刑者に対して、私は「普通はそう思いますよね」と受刑者の回答を否定しません。そのうえで、「実は、本人は大真面目に書いているのですよ」と続けます。そうすると受刑者は考え込みます。

そこで私は「母親から部屋をのぞかれ、父親からは暴力を振るわれて、この生徒はどんな気持ちで毎日過ごしていたでしょうね」と言います。すると誰かが「そうか。これじゃあ息苦しいわ」と言い、数名が同調します。「いいところに気づいてくれましたね」と称えたうえで、私は「この反省文を書いたことで、果たしてこの生徒は万引きを止められるでしょうか」「この生徒はこれからどんな人生を歩むでしょうか」といった質問を投げかけます。受刑者は「また万引きしますね」「このままいったら大きな爆発を起こしますね」などと答えてくれます。そうした発言を大いに称えたうえで、私は「皆さんは、自分の言いたいことを言えずに、人一倍我慢して頑張ってきませんでしたか」と言うと、その言葉だけでも大きな気づきを得る受刑者がいます。最後に私は「ただ反省することは、自分の気持ちを抑圧させることになり、それが積もり積もって爆発してしまう。それが犯罪になる場合もあります。したがって反省する前に、なぜ自分は問題行動を起こしたのかを考えることが必要です」と話します。そういう説明をすると、この1回の授業だけでも、受刑者は、過去の自分自身の生き方の問題を洞察することがあります。

ついでに言っておくと、「りっぱな反省文だ」と答えた場合も、私は「なるほど。実は、私も教師をしているとき、そう考えていたんですよ」と言って、ここでも受刑者の発言を否定しません。そのうえで、先と同じような流れにもっていくのです。つまり、「これで万引きを止められるでしょうか」と。「止められる」と答えた場合も、「なるほど。ところで、この生徒は毎日どんな気持ちで過ごしていたと思いますか」「これからどういう人生になると思いますか」と展開していきます。要は、反省するだけでは問題は解決しないばかりか、抑圧を強めることになり、結果として犯罪を起こす場合があるというところに「落とし所」をもっていくのです。

「反省することが当たり前」と考えていた受刑者にとって、私の話の展開や説明は新しい考え方・視点を提示することになります。「そういう見方があったのか」という感想を受刑者は書いてくれます。新しい考え方・視点に興味をもつと、受刑者のグループワークはとても活発になります。一つの気づきが新たな気づきを呼び込むのです。

授業が7回あるとしたら、授業のおよそ前半部分は「加害者の事例」を取り上げます。覚醒剤を使用した事例、いじめの事例、虐待の事例、そして殺人事件の事例などです。事例によっては加害者の生い立ちも紹介することによって、犯罪を起こすには必ず加害者なりの理由があることを考えさせます。いろいろな加害（犯罪）行為の事例を提示して自由に話し合いをさせることによって、いずれかのケースに受刑者は自分自身の問題を重ね合わせて考えるようになります。それまでは、「自分が甘かったから」「意思が弱かったから」と思っていた受刑者は、自分の考えが表面的だったことを理解し、自分自身の内面と向き合うようになります。

### 自分の心の痛みに気づくことから真の反省が始まる

大半の男性の受刑者は、不遇な環境のなかで生きてきています。彼らは、親（あるいは養育者）から「大切にされた体験」に乏しいのです。幼少期から寂しさやストレスといったものを抱えながら、それを受け止めてもらえない「心の傷」を心の奥底に秘めたまま生き続けています。幼少期から抱き続けてきた寂しさやストレスを克服するために、彼らは「男らしくあらねばならない」「負けてはいけない」といった価値観を持つことで、必要以上に自分を強く見せようとします。自分を強く見せることによって、他者に「認められること」で自分自身の愛情欲求の埋め合わせをするのです。他者から「男らしくて格好いい」と思われることは、満たされていない彼らの愛情を求める欲求の代償となっているのです。

しかし、それは、あくまでも「代償」にすぎません。本当に望んでいる愛情が得られないため、彼らはますます「男らしさ」を追い求める生き方を自らに強いて他者から評価されようとします。彼らにとって、弱音を吐いたり誰かに負けたりすることは、自分が他者から認められなくなる（＝愛されなくなる）ことを意味するので、絶対に弱音を吐かず、いかなる手段を用いても相手に勝とうとします。その結果として起きる最悪の行為が、犯罪なのです。

また、自分を慕っている者から助けを求められたり、世話になっている先輩から殺人を依頼されたりした場合、「断る」という選択肢は彼らの頭のなかにはありません。「断ること」や「逃げること」は「男らしくない態度」であって、そのような態度を取ると人が自分から離れていくことを彼らは恐れます。

彼らは、孤独が怖いので、「居場所」を求めて、人と群れたがります。しかし、彼らが群れている場は、「居場所」ではなく「たまり場」にすぎません。居場所とは、本来「ありのままの自分」でいられる所です。弱い自分を出せて安心できる場所だからこそ居場所となるのです。しかし彼らは弱い自分を出し（せ）ません。常に無理をして強さを誇示した姿で人とつながります。そうした形で集まる場は、安心できる場所ではありません。

また、彼らは素直に自分の気持ちを伝えることもできません。本当は心の奥底に焼けつくような愛情飢餓があっても、素直に「愛してほしい」と言えません。なぜなら、「愛してほしい」と素直に表現した経験がないからです。そして、素直に愛情欲求を表現できなかった理由は、親（あるいは養育者）が、彼らの愛情欲求を受け止める人ではなかったからです。両親が離婚していたり、仕事で家にいなかったりした場合でも、同じことが起こります。一人ぼっちで寂しくて悲しいと涙が流れます。しかしその涙を受け止める人は家にはいません。その結果、人は泣か（け）なくなります。そうすると

「泣かないことは強い人間である」という価値観を身に付けます。同時に、周囲の者が、苦しいことがあっても泣かない姿を見て「泣かないで偉いね」と褒めると、「泣かないことは強い人間である」という考えは強化され、ますます「男らしさ」という価値観が根付いていきます。自分の男らしさを示すために、タバコを吸ったりケンカをしたりすることで評価が高まるとともに、次第に問題行動がエスカレートしていきます。悪いグループに入るのに時間はかかりません。仲間からシンナーを勧められて使用するようになると、多くは覚醒剤につながります。そして、最悪の場合、覚醒剤の使用によって殺人を起こしてしまうのです。

## 「父ちゃん、ごめんなさい」と号泣した殺人犯

私は、覚醒剤常用者で殺人を犯した受刑者の面接を何度もしたことがあります。一例を挙げます。40代後半の男性受刑者のケースです。殺人をした理由を問うと、彼は「覚醒剤を使ったことです。だから、覚醒剤を使ったことを反省しています。もう覚醒剤は絶対に使いません」とはっきりと答えました。事件を起こした原因は、覚醒剤の使用にあると彼は信じ込んでいたのです。

しかし考えてみてください。いきなり覚醒剤を使う人はいません。私は彼に覚醒剤を使ったきっかけを尋ねました。すると彼は「シンナーを吸ったから」と言いました。私は「では、シンナーを使うようになったきっかけは？」と質問すると、彼は「タバコを吸うようになったから」と答えました。さらにさかのぼって聞いていくと、タバコを吸うようになったきっかけは悪い仲間に入ったからであり、悪い仲間に入ったきっかけは「いじめを受けていたから」と答えたのです。まさに公男のケースと酷似しています。

いじめを受けた相手に、父親の財布から盗んだ金を渡すといじめはなくなったといいます。公男と同様、この受刑者の父親もいじめの苦しみを受け止める人ではありませんでした。父親はいじめのことにはまったく無関心で、とにかく「家から盗んだ金を返せ」と彼に暴力を振るったのです。それまでも彼は日常的に父親から暴力を受けていました。だから、このときも黙って父親の暴力に耐えるしかなかったと彼は言いました。私は、「もし今、そのときの自分に戻ったとしたら、本当は父親に何を言いたい？」と言って、彼の目の前に椅子を置いて、その椅子に父親が座っていると想像して、そのときに言えなかった言葉を言ってみるように促しました（これは、ゲシュタルト療法の技法の一つである「エンプティチェア・テクニック（空椅子の技法）」といいます）。しばらく目を閉じて考え込んだ後、静かに目を開けてから彼は「親父こそ、浮気ばっかりして、全然家にいなかったじゃないか。家にいても酒ばっかり飲んで、母ちゃんは毎晩泣いていたんだぞ。お前のせいで、家はむちゃくちゃになった。俺がグレたのもお前のせいだ！」と激しい口調で言いました。気持ちが治まったところを見計らって、私は「今、何を感じていますか」と問うと、彼は「私は、本当は父親のことが好きだった。父親に甘えたかった。それなのに自分は悪いことをして、今刑務所に入っている。自分が情けない。もっと父ちゃんと話をしたかった。父ちゃん、ごめんなさい。父ちゃん、ごめんなさい」と号泣しました。彼の心のなかで、ずっと憎しみしかなかった父親と和解できた瞬間です。後日、彼は「みっともない姿を見せてしまいましたが、なぜかすがすがしい気持ちです。前向きに生きていこうという気持ちになれました」と言いました。さらに彼は、「あれから、なぜか被害者のことを考えるようになりました」と語ったのです。

受刑者が、自分の悲しかった過去を吐き出した後、被害者のことを考えるようになるのはけっして珍しいことではありません。否、ほとんどの受刑者がこの過程を辿っています。実は、これこそ、本当の反省へと通じる流れなのです。

このことは、犯罪心理を考えればよく分かります。なぜ受刑者は殺人など重大な事件を起こせるのでしょうか。殺人という行為は、言いかえれば、「他者を極めて大切にできない気持ちがあるからできること」と言えます。ではなぜ他者を大切にできないのか。それは自分自身を大切にできなくなっているからです。自分を大切にできない人間は他者を大切にすることなどできません。逆に言えば、自分を大切にできるからこそ、他者を大切にできるのです。

次に考えないといけないことは、なぜ自分を大切にできなくなっているかという点です。自分を大切にできない理由は、自分自身が傷ついているからです。自分が傷ついていることに鈍感になっている場合もあります。自分の傷つきに麻痺していると考えてもいいでしょう。いずれにしても自分自身が傷ついているから、他者を傷つけられるのです。自分の心の傷に気づいていない受刑者が被害者の心の痛みなど理解できるはずがありません。彼らが被害者の心の痛みを理解するためには、自分自身がいかに傷ついていたのかを理解することが不可欠です。それが実感を伴って分かったとき、受刑者の心に自分が殺めてしまった相手の心情が自然と湧きあがってくるのです。そして、そのときこそはじめて真の反省への道を歩み出せるのです。

幼少期に虐待を受けていた受刑者が私に言ったことがあります。「私は父親に殴られて育った。だから痛みには強いんですよ」と。私は「痛みに強いのではなくて、痛みに鈍感になっているのですよ」と返しました。受刑者はハッとしました。自分の痛みに鈍感になっている人間に、被害者の心の痛みを理解させることなどできません。自分の心の痛みを理解しそれを吐き出して、はじめて被害者の心の痛みが心から理解できるようになってくるのです。その逆はあり得ません。

だから、受刑者の話をさかのぼって聞いていくことが必要なのです。どの時点で、受刑者は寂しさや悲しみを持つようになったのか。また、そうした感情をどのようにして閉じ込めたのかをみていかないといけないのです。その作業は、過去を振り返ることになるので、受刑者にとってはとても辛いものとなります。しかし本当に更生するためには避けて通れない道なのです。険しい道だけに、1人で歩いていくことはできません。支援者が寄り添うことによって、はじめて受刑者は過去の自分の心の傷に向き合えるのです。自分の心のなかにあった否定的感情を吐き出し、それを支援者に受け止められることによって、受刑者は、心の傷が癒され「大切にされる体験」をします。「大切にされた経験」に乏しかった受刑者が、支援者によって大切にされることによって、罪と向き合えるのです。したがって、支援者の存在は不可欠です。自分1人で過去の心の痛みに向き合うことはできません。

問題行動が起きたとき、その直後に反省させることがいかにダメなことか。真の反省は、自分の心のなかにつまっていた寂しさ、悲しみ、苦しみといった感情を吐き出せると、自然と心のなかから芽生えてくるものです。自分の心の痛みを全部吐き出せた後に書けた反省文こそ、けっして表面的ではない、心の奥底から自然と湧きでてきた謝罪の言葉です。非行少年であれ受刑者であれ、問題行動を起こした者に対して支援するのであれば、反省をさせるのではなく、なぜ犯罪を起こすに至ったのかを探究していく姿勢で臨むことが、結果として彼らに真の立ち直りを促すのです。

## 真の「反省」とは

ここまで書いてきたことをまとめましょう。受刑者が心から反省するためには、最初に自分自身が事件を起こした原点をみつめることから始めます。事件を起こすに至るには、受刑者の心のなかに犯罪にかかわるさまざまな偏った考え方や価値観が深く根付いています。たとえば、父親から暴力を受けて育っていたら、「力に対して力で対抗する考え方」は容易に身に付くことでしょう。両親が離婚して養育を放棄されていたり施設で育ったりした者ならば、自分を認めてもらうために「男らしくあらねばならない」「弱音を吐いてはいけない」といった価値観を持つかもしれません。極貧のなかで生き延びてきた者は、人に食われる前に「自分が食わなければならない」という生活を余儀なくされた結果、生きるためには手段を選ばない人間になるかもしれません。そして、この場合にも「力」に頼る価値観が生まれる素因があります。

他方、裕福な家庭に育った者であっても、犯罪を起こす場合があります。モノは十分に与えられていても、本当に欲しかったもの、すなわち親の温かい愛情を手にすることができなかった者は、焼け付くような愛情飢餓を抱きながらも人に素直に甘えることができず、モノ、すなわちアルコールや覚醒剤に救いを求めることが少なくありません。そしてアルコールや覚醒剤の使用をきっかけに、殺人に至ることがあるのです。

このように、受刑者は犯罪を起こすに至る偏った考え方や価値観を持つようになりますが、こうした考え方や価値観が形成されるには、不遇な生活環境で育ってきたなかで生じた寂しさや辛さ、ストレスといったものが関係しているのです。したがって、彼らが自分の心のなかに根付いている考え方や価値観がどのような過程でつくられていったのかを理解する必要があります。自分の内面と向き合うということは、自分の過去に目を向けて、犯罪を起こすに至った自分自身の内面の問題を理解することなのです。謝罪の言葉を繰り返すことではありません。

自己理解が得られれば、受刑者は自分の心の奥底に否定的感情があることに気づきます。彼らが真の「反省」に向かうためには、自分の心の奥底にあった否定的感情を吐き出す必要があります。否定的感情を吐き出すことは、受刑者にとって、とても苦しい作業となります。本来ならば、今さらみたくもない過去の自分の「心の痛み」と直面するわけですから、できるのなら避けて通りたいものです。しかし、ここを乗り越えないかぎり、他者の「心の痛み」にまで思いが至りません。そこで支援者の支えが必要となります。自分を支えてくれる支援者がいることによって、受刑者は自分の内面の問題と向き合う勇気を持てるのです。受刑者が否定的感情を吐き出して自分の心の痛みを理解すると、自分自身が殺めてしまった被害者の心の痛みを心底から感じるようになります。ここにおいて、ようやく受刑者は、真の「反省」のスタート地点に立てるのです。

真の「反省」とは、受刑者が「自分は本当に悪いことをした」と心から感じることです。誰かに教えられたのではなく、自分自身が内面と向き合った結果として、自然と心の底から湧きあがってくる「罪の意識」こそ、本当の「反省」なのです。このように考

える と、真の「反省」とは、自分の内面とじっくりと向き合った結果、最後に出てくる謝罪の心と言えます。反省は最後なのです。そして、ここが本格的な更生への道の出発点となるのです。

しかし、残念ながら、皆が同じ過程をたどるわけではありません。とりわけ否定的感情を吐き出すことに抵抗を感じる受刑者は少なくありません。私は毎年、基本的に５名の受刑者を対象に改善指導の授業をしていますが、２、３名は否定的感情を吐き出すまでには至りません。そうすると、彼らは真の「反省」を得られていないのではないかと考えたくなりますが、必ずしもそうとは言い切れません。先に大半の受刑者は改善指導を受けたくないと書きましたが、うれしいことに、私の授業を受けた受刑者は、すべての授業が終了した後の感想で「時間が足りなかった」「もっと授業を受けたかった」「他の受刑者にもこの授業を受けてもらいたい」などと好意的なことを書いてくれています。私は自分の授業を自慢したいわけではありません。彼らの感想から読み取れることの一つは、本音を話し合える時間を仲間と共有できたことの喜びです。否定的感情を吐き出せた者も出せなかった者も、共通して言えることは、彼らは皆、「人は人に頼って生きていく」という考え方を身に付けたことです。カッコつけて生きてきたこと、背伸びをして自分に無理をしてきたこと、弱音を吐かず我慢することが当たり前と思い込んでいたことなど、自らの過去の生き方について仲間と自由に話し合うなかで、受刑者は、自分の生き方の問題点を自ら洞察し、「ありのままの自分」「弱音を言える自分」でいいという価値観を持つようになります。もちろん否定的感情を吐き出せた者ほど理解が深まっていると言えますが、私は考え方や価値観を転換してくれたことだけでも最低限の仕事はできたと考えています。

### 受刑者が生き続ける意味

受刑者にとって、出所後に絶対にあってはならないことは再犯です。再犯しないためには、「二度と事件を起こしません」と固い決意をすることよりも（固い決意も必要ですが）、何より人に頼って生きていく生き方を身に付けることです。そのことだけでも理解できたら、再犯しない可能性が高まります。

人に頼って生きていくことができれば、彼らは「人」の存在の重要性に気づくことが期待できます。そのとき、自分が殺害した被害者の「命の重み」にも思いが至ります。自分の生き方の問題に気づき、人に頼ることの大切さを実感できた受刑者は、出所後に自然と罪の意識が深まっていくのです。そして、真の「更生」への道は、刑務所内での刑務作業をりっぱに務めることではなく（社会的な罰を受ける意味では刑務作業は必要ですが）、出所後に待ち受けているのです。

覚醒剤を使用した受刑者を例に挙げると、彼らにとって、覚醒剤を「止めること」は更生になりません。覚醒剤を「止め続けること」が更生になります。覚醒剤を使った者にとって、「止める」という状態を死ぬまで続けなければ、本当の更生になりません。被害者を殺めてしまった受刑者にとっても、同じことが言えます。被害者は加害者を許すことはありません。まれに被害者遺族が許すというケースがありますが、少なくとも今はこの世にいない被害者自身は絶対に加害者を許すことはないでしょう。受刑者は、出所しても「被害者は自分を許すことはない」ということを胸に刻んで生きていかなければなりません。同時に、彼らが更生するためには、人とつながって「幸せ」にならなければならないと私は考えます。むしろ「幸せ」になることは彼らの「責務」でもあると言えます。「人を殺しておいて、人とつながって『幸せ』になるなんてとんでもない」との声が聞こえてきそうですが、実は幸せになることこそ、更生と関係があるのです。なぜなら人とつながって「幸せ」になることは、「人」の存在の大切さを感じることになるからです。そして、人の存在の大切さを感じることは、同時に自分が殺めてしまった被害者の命を奪ったことへの「苦しみ」につながります。皮肉なことに、幸せを感じれば感じるほど、それに伴って、苦しみも強いものになっていきます。この2つの矛盾した感情のなかで生き続けることは、私たちが想像できないくらい苦しく辛い「罰」となり得るのです。更生とは、幸せと苦しみの両方を受け入れ、「絶対に自分を許すことのない被害者の存在」を自分自身の命が絶えるときまで忘れずに生き続けていくことと私は考えています。真の「更生」には「終着点」がないのです。

人を殺した者など生きる価値はない。だから更生などする必要はない、との意見があります。被害者感情を考えれば、こうした意見が出ることも理解できます。しかし、本当に彼らには生きる価値がないのでしょうか。彼らは、真の更生の道を歩んでいるのであれば、「幸せ」と「苦しみ」の2つの矛盾する感情を抱きながら「命の重み」を理解している人間と言えるでしょう。そういう意味では、彼らこそ「命の重み」を語れる存在になり得るのかもしれません。

自ら命を絶つ者が年間3万人を超えている今の日本において、「命の重み」が実感として希薄になっているように思えてなりません。出所した元受刑者が、どのような生活をするのかは分かりませんが、私は何らかの形で、彼らには「支援者」になってほしいと願っています。たとえば、彼らが生活する所で、身近な者が生きることに苦しんでいるのなら、その人の力になってほしいのです。「人の命を救う存在」になってほしいのです。そうした支援は、人の「命の重み」を心底から理解している彼らだからこそ、できることなのかもしれません。そして、人の命を救う支援をすることによって、彼らは「自分が存在していることの意味」を実感することでしょう。「自分ははじめて人に必要とされた。自分は生きていてもいいのだ」と思えるのです。

しかし、自分の存在の価値を感じることは、支援する喜びを抱くのと同時に、人の命を奪ったことの重み、すなわち「被害者の存在の大きさ」をさらに深く実感することにもなります。人を助けることによって、皮肉にも、彼らは「被害者の命を奪った事実」と深く向き合うことになり、さらに苦しむのです。私たちは、その苦しみも受け入れることを彼らに求めなければなりません。そうすることによって、彼らははじめて「生きる価値のある存在」になり得ると考えます。

## 刑務所内での「刑のあり方」の提言

今の刑務所の体制では、受刑者が出所して、人とつながって生きることはできません。それなぜなら、彼らは「人とつながって生きる」という教育を受けていないからです。それどころか、繰り返し述べているように、刑務所のなかで彼らは感情を抑圧して「まじめに務めている」のです。私の改善指導を受講する受刑者にしても、毎年わずか5名の受刑者です。個人面接をしている受刑者を加えても、20名程度にすぎません。他にも薬物依存離脱指導や暴力団離脱指導などの改善指導を受けている受刑者はいますが、大多数の者はほとんど何の教育も受けずに出所することになります。自分の気持ちや感情を「しっかり」抑圧して生きてきた受刑者が、刑務所という、さらに抑圧的な環境に置かれると、彼らはますます集団のなかにいて、「1人で生きる術《すべ》」を強めることになります。これでは、「人とつながって生きる術」など身に付くはずがありません。

私の授業を受けた受刑者が、「授業で本音を話し合った後、（刑務作業を行う）工場に戻ったら、つい自由に話してしまうことがあります。危なく懲罰になるところでした。切り替えが難しいです」と語ったことがあります。ようやく授業で自分の素直な気持ちを言えるようになっても、日常の刑務作業に戻れば、再び自分の感情を抑えて生活することを強いられます。自分の素直な気持ちや感情を話すことの大切さを実感し始めたのに、これでは元の木阿弥《もくあみ》になりかねません。本来ならば、受刑者は自分の気持ちや感情を素直に言える「練習」をしないといけないのです。しかし、実情はあまりにもかけ離れています。

美達大和は、『死刑絶対肯定論　無期懲役囚の主張』のなかで、受刑者に対し、自分の生い立ちから事件に至るまでのことや、被害者については「自分が被害者の立場だったら」とか「可能な償い・謝罪について」など多くの課題を出して、「長文のレポート」を書くことを求めています。そして、提出されたレポートについて、「三年毎の審査により評価点を付けていき、執行猶予付き死刑及び、有期刑ならば上限・下限について判断」することを提案しています。要するに、徹底的に「書くこと」を通じて内省し、反省の程度が深まった者には仮釈放を早め、深まらない者には逆に刑期を長くするのです。そして、レポートを書くことを拒否して一向に反省しない者には死刑ないしは終身刑にするというのです。

美達の提案を読んで、面白いと思いましたが、実施するのは無理だと思いました。一番の問題は、誰が書いた内容を判断するのかという点です。書いてある内容から、本当に内省できているのかを判断するのは非常に難しいと思います。施設によって、判断基準が変わることも問題でしょう。また、家庭環境や事件のあり方など受刑者の問題は個別ですから、どんなレポート課題にするのかも個別にするべきです。

そして、最も重要なこととして、受刑者が自分の問題と向き合うためには、支援者の存在が不可欠です。支援者なしで、ただテーマに沿って書くだけになると、自分の心のなかにある根深い問題にはたどりつけません。そうすると、被害者に対する真の「反省」にまでは至りません。反省できれば刑期が短くなるという点も、動機付けとしてはいかがなものでしょうか。刑期を短くするために、指導者から良い評価を得ることを目的に必死になってレポートを書く受刑者が出てくることも予想されます。反省することと刑が減じられることをセットにすることには違和感があります。

私は、反省は受刑者が主体的に行うべきものだと思います。事件を起こした事実は消えることはないのですから、反省が深まったとしても、そのことを刑期に反映させる必要はないと考えます。重要なことは、私たち支援者が、受刑者が主体的に真の「反省」をする意欲を持つように導くことです。真の「反省」をするようになれば、受刑者は自分の刑期を受け入れるはずです。

「刑のあり方」として、私は美達同様、自分の生い立ちから事件に至るまでを内省することには賛成です。犯罪を起こすに至った自分自身の内面の問題を理解するためです。しかし、美達とは書く手順が大きく異なります。課題として、まず「自分が迷惑をかけられたこと」について「詳細に」書くことを提案します。「詳細に」とは、自分と深くかかわりのあった人との間で何があったのか（どんな迷惑をかけられたか）を書くことです。具体的な対象者として、過去に自分を裏切った者、教師、友人やきょうだい、そして親（養育者）といったところでしょう。教師を例に挙げたのは、教師の言動で傷ついている受刑者が少なくないからです。友人は、いじめられたり悪友に誘われたりした場合などを想定しています。きょうだいと比較されて育った受刑者も少なくありません。そして、ケースによっては、被害者、共犯者、裁判官、弁護士といった対象者もあるでしょう。迷惑をかけられた相手が明確になれば、その相手に対して、本人が書けそうな順番でいいのでロールレタリングを書くことを求め、否定的感情を吐き出すように促します。本来ならばロールレタリングを書いた後は個別で面接したいところですが、支援者が不足している点を考慮すれば、少なくとも書いた内容に対して「返信文」を添えたいものです。「よく書けています。こうして気持ちを整理していきましょう」とか「これほど心のなかに嫌な気持ちがたまっていたのですね」などと否定的感情を書けたことを称えたり受容したりするのです。

　この形で進めていけば、必ず親（養育者）との関係にいきつきます。そのときは、「幼いときの私から父親（母親・養育者）へ」の課題を与えます。この課題を書けるかどうかが大きなハードルとなるでしょう。たとえば、幼少期に自分を殴っていた父親であっても、今は年老いた父親の姿（亡くなっている場合もあるでしょう）を想像して、「今さら……」との思いを抱くからです。しかし、幼いときに殴られたときの心の傷は癒されているわけではありません。怒りや憎しみの感情は心の奥底にしっかりと残っているのです。ここを乗り越えて思い切り吐き出すことができたら、自分の内面の問題が少しずつみえてきます。ロールレタリングを課題にした場合、必ず「書いたことによる感想」「書いている間、何を感じたか」、そして「書き終えて、気づいたことや思ったこと」を書くことも求めます。否定的感情が外に出ているか、またどんな「気づき」があったのかを明確にするためです。

　気づきがあった場合、その気づきを深めさせるために個別の課題を与えたいところです。たとえば、ロールレタリングを書いたことによって、否定的にしか思えなかった父親に対して、受刑者が「そういえば父親もおじいちゃんから殴られて育っていた。自分を嫌っていたわけではなかったんだ」と気づいた場合、「父親と祖父との関係について」といった課題作文や「父親から祖父へ」のロールレタリングなどを求めます。このように、さかのぼって内省していくと、自分の問題が世代間連鎖であったことにも気づけるのです。以上のように、さまざまな課題に取り組む目的は、受刑者が「なぜ自分は犯罪者になったのか」を自己理解することにあります。

次に、「私が素直さを失った理由（なぜ私は人に素直に頼れなくなったのか）」を課題にして、親（養育者）との間で素直になれなくなった原点を明確にします。そのうえで、自分は親（養育者）に「本当はどうしてほしかったのか」というテーマで、再び「私から父親（母親・養育者）へ」のロールレタリングを課題にします。否定的にみていた親（養育者）に対して、「愛してほしかった」「本当は甘えたかった」という言葉が出てくると、受刑者は「ありのままの自分」の気持ちを素直に書けていると捉えることができます。この頃になると、受刑者は自然と被害者のことを意識し始めます。すでに述べたように、自分の「心の痛み」に気づくことによって、他者、すなわち被害者の「心の痛み」に思いが至るからです。事件について内省するのはこの頃でしょう。「なぜ私は事件を起こす必要があったのか」を課題にし、事件を起こすまでの経緯を書くなかで自分の気持ちを整理させ、「私から被害者へ」のロールレタリングを実施するのです。

ただし、被害者への手紙を書く場合、「自分はこれからどのように生きていくのか」を念頭に置いて書くように求めます。単なる謝罪文ではなく、自分の生き方まで含めて、被害者への思いをつづらせるのです。焦る必要はありません。向き合う気持ちになるまで待って、受刑者に素直な思いを書かせるのです。何通書いてもかまいません。気のすむまで書いて、受刑生活ならびに出所後の自分の生き方を「被害者」を相手に「書くこと」で「対話」させるのです。ここまで書き進めてきた受刑者であれば、真の「反省」のスタート地点に立てているでしょう。被害者感情を深めさせるのなら、このときに始めます。このときであれば、被害者の書いた手記を読ませたりビデオ視聴をさせたりすることによって、被害者や被害者遺族の苦悩を深くみつめることができます。美達が挙げている「自分が被害者だったら」とか「具体的な行為として可能な償い・謝罪とはどのようなことか」などの課題に取り組むことも有効でしょう。

以上が基本的な流れですが、すでに述べたように、受刑者の問題は個別であり、実際に書いているなかで起きる心の変化も多様ですから、受刑者が書くテーマはその都度変えるなど柔軟にしておく必要があるでしょう。一つのパターンに固執することは危険です。当然のことながら、途中で書けなくなることが起きるので、支援者は、受刑者が心のなかを整理するために何を書く必要があるのかを見極めなければなりません。場合によっては、書くことを無理強いせず、中断して面接をしたいものです。

上記のことと並行して、私は少なくとも週に1回、1～2時間程度、刑務所内で数名の受刑者が集まって、自由に自分の気持ちを話せる場所と時間を確保してほしいと思います。それも数回ではなく、できるだけ長期間です。もちろん受刑者だけでは無理なので、支援者も話し合いに参加します。話し合いのテーマは自由でかまいませんが、受刑者がロールレタリングなどをはじめとして、いろいろな課題に取り組んで、書いて感じたことを話すことがいいでしょう。ロールレタリングを書けない受刑者にとって、ロールレタリングを書いて気持ちに変化のあった受刑者の話を聞くと、「自分も書いてみたい」という意欲が生まれるかもしれません。

また、受刑者が自分の起こした犯罪や自分の過去の生き方を皆の前で自己開示できれば、その受刑者が大きく変われるだけでなく、その話を聞く受刑者も自分のことを話したい気持ちになり、メンバー間の関係性が深まっていきます。受刑者が自分の過去の寂しさや苦しみをありのまま語り始めると、自然と気持ちが高ぶり涙さえ流す場合があります。自分のありのままの姿を他のメンバーに見せることができれば、受刑者の心の変化は大きなものとなります。なぜなら、強がって生きてきた彼らが、はじめて自分自身の弱い部分をありのままにさらけだす体験をするからです。しかも自分が語ったことを否定されるのではなく、他の受刑者に受け止めてもらうのです。受刑者が変わっていく姿を目の当たりにすると、他の受刑者も「自分も変わりたい」という気持ちになってきます。そうなると、自然と受刑者が受刑者を支援する構図になります。支援者はただその場にいて見守るだけでよくなります。このように、1人で「書くこと」で内省したことを仲間と共有することは、相乗効果をもたらすのです。

以上、大雑把な形で、私の「刑のあり方」の提言を書きましたが、この方法がすぐに受け入れられるとは思いません。なぜなら、刑務所は事故が起きることを最も嫌うので、自由な時間と場所を確保することに抵抗するでしょう。しかし、刑務所が価値観を転換して本当に受刑者を更生させる気持ちになれば、今の体制を変えることはけっして不可能ではありません。管理と秩序維持の体制から、少しずつ自由とケアの視点を導入していくのです。簡単にできることではありませんが、刑務所が事故を恐れるという考え方から脱却できれば、実現できないことではありません。

実際、自由とケアを重視した刑務所は、海外にはあります。アメリカにあるアミティという団体による支援が代表的なものです（坂上香・アミティを学ぶ会（編）『アミティ「脱暴力」への挑戦』日本評論社　２００２年）。そして、日本でも、ＰＦＩ刑務所（ＰＦＩとはPrivate Finance Initiativeの略で、国と民間が協同して運営する刑務所のこと）では、アミティの実践が少しずつ取り入れられています。

理想を言えば、アミティの実践のように、私は刑務所内で元受刑者が受刑者を支援する仕組みをつくっていきたいと考えています。出所した元受刑者が支援者として、刑務所で受刑者を支援するのです。もちろん最初からスムーズに進むわけではありませんので、外部の支援者が入りながら、少しずつ刑務所内での支援体制をつくるのです。実現すれば、これが、再犯が激減するための有効な方法となることが期待できます。こうした実践を可能にするためには、支援者の数を増やすことも必要ですが、何より刑務所などの刑事施設全体の意識改革が欠かせません。そして、悪いことをした人には「反省させることが当たり前」という価値観が世に浸透しているだけに、社会で生活している私たち一人ひとりの意識も変えていく必要があるでしょう。

## 酒井法子の『贖罪』

本章の最初で、「しょく罪」について触れましたが、覚醒剤取締法違反で逮捕された女優の酒井法子さんが、自らが犯した事件を謝罪する目的で、「贖罪」というタイトルの著書を出版しています（『贖罪』朝日新聞出版　２０１０年）。私も関心があったので、読んでみましたが、内容は幼少期から事件を起こすまでの経緯が書かれてあり、基本的には事件を起こしたことに対して深く謝罪し「反省する」といったものでした。本の冒頭に、そのことを端的に表した文面が記されています。以下に引用します。

「わたしはこれまで十数回にわたって薬物に手を出してしまいました。嫌悪感を覚えながらも、逮捕されるまで過ちを繰り返していました。絶対にしてはいけないことだと分かりながら、自分から断ち切ることができませんでした。芸能人としてはもちろんのこと、いい年をした大人としても、まるで自覚のない行動だったと深く反省しています」

まさに、私が例に挙げた模範的な反省文と言ってもいいでしょう。しかし、これでは自分自身をみつめたことにはなりません。酒井さんには失礼ですが、書名を「贖罪」とするには、内容としては表面的でしかありません。

酒井さんは保釈された後の記者会見でも、同書に書いたことと同様、以下のように述べています。

「このたびは、一社会人として、人として、決して手を出してはいけない薬物というものに、①自分の弱さ故に負け、そして今、このように世間の皆さまを騒がし、多くの皆さまにご迷惑をかけました。／これまでに私を支え、応援してくださった皆さまにはどれほどの残念さと、私の無責任な行動に幻滅なさったことかと。このことには本当に計り知れない…決して許されることではありません。／この罪の償いを今後、どのようにして償っていくのか、②まずは自分の罪を悔い改め、二度とこのような事件に手を染めることのない、そういった誓いを一生の約束として、固く心に誓います。／私が犯しましたこのたびの出来事は、私を知る皆さまの信頼をすぐに回復することは、できるものでないことは、よく分かっております。ですが、日々感じております後悔の念、③取り返しのつかないことをしてしまった自分の弱さを戒め、反省をし、もう一度生まれ変わった気持ちで、心を入れ替え、日々、努力していきたいと思っております。／そして、このような日々に支えてくださった方々の温かいお気持ちに深く深く感謝しております。決して二度とこのようなことで、皆さまの信頼を裏切ることはありません。／この気持ちを決して忘れることなく、皆さまのお気持ちに恩返しをしていきたいと思います。／至らぬ点は厳しく指摘していただき、私自身、素直に拝聴して新しい一歩を踏み出していきます。／今まで応援してくださった日本や海外のファンの皆さま、お世話になった会社の皆さま、そして今まで支えてくださったスタッフの皆さま、このたびは本当に、本当に、申し訳ありませんでした（傍線部筆者）」（２００９年９月18日付スポーツニッポン）

この謝罪会見の内容に関しては、関係者がつくった台本も混じっていたなどといろいろな憶測が流れていますが、それを承知のうえで、この会見の内容を読むと、ただただ深く反省することを述べていることが分かります。そして傍線部①と③を読むと、「自分が弱かったこと」を覚醒剤に手を出した理由に挙げていることが理解できます。さらに傍線部②では、「二度と手を出さない」と固く誓っています。まさに私がこれまでに述べてきた、反省することの問題点が、この文面に集約されています。

酒井さんの謝罪会見に対して、薬物から離脱するための民間団体であるダルクを創設した近藤恒夫は、「クスリを断とうと思うなら、弱かったと反省するのではなく、もっと自分を知り、弱かったと思うなら、なぜ弱かったのかを掘り下げることだ。クスリに手を出す人は心の痛みを持った人だ。自分はどんな痛みを持っているのかを考えることだ」と述べています（『拘置所のタンポポ』双葉社　２００９年）。自らも薬物に手を出して刑務所に収監され、出所後に全国で更生施設を立ち上げるに至った近藤自身の経験から生まれた意味深い言葉です。そして私も、言うまでもなく、近藤と同じ考えです。

酒井法子さんが書いた『贖罪』を読むと、不遇な幼少期を過ごしていることがよく分かります。両親が離婚して、義理の母親から厳しいしつけを受けていたことも書かれています。素直に甘えられなかったことも自ら告白しています。そんな環境のなかで、酒井さんが人の何倍も努力して芸能界に入って活躍していった姿が書かれています。この本を読めば、酒井さんの性格が「弱い」とはとうてい思えません。酒井さんがみつめないといけないことは、自分の気持ちを抑圧して人の何倍も努力するなかで、どんな苦しみや寂しさ、ストレスといったものがあったのか、です。繰り返しになりますが、反省することではなくて、内面をみつめるところから、本当の「贖罪」が始まるのです。おせっかいなことは承知のうえで、芸能界に復帰された酒井さんにはこのことに気づいてもらいたいと私は願っています。

## 受刑者の問題は私たちと無縁ではない

本章では、これまで受刑者の問題を取り上げてきましたが、受刑者の問題は普通に社会で暮らしている私たちの内面の問題とけっして無縁ではありません。すでに述べてきたように、受刑者は抑圧し我慢を繰り返し、最後に爆発しているのです。私たちは、爆発とまではいかなくとも、抑圧し我慢をする生き方をしていないでしょうか。少なくとも、「我慢すること」がいいことと思い込んでいないでしょうか。「1人で何でもやり抜くこと」が絶対に正しいと考えていないでしょうか。実は、当たり前だと思い込んでいる価値観が、私たちに生き辛さをもたらしている場合があるのです。このことを次章で考えたいと思います。

# 第4章　頑張る「しつけ」が犯罪者をつくる



## りっぱなしつけが生き辛さを生む

学生たちに将来のことを尋ねると、多くの男子学生は安定した仕事に就いて、30歳くらいで結婚して2人くらいの子どもを持ちたいと言います。女子学生も同様で、結婚しないで働き続けるという者は少なく、仕事に就いてから結婚し子どもを育てたいと答える者が多いです。その後専業主婦になるか、仕事に復帰するかで意見は分かれますが、いずれにしても、「一生懸命に頑張って子育てをしたい」と言います。少子化の時代であるだけに、とてもうれしいことです。

しかし問題は、彼らが「頑張る」という意味をどう捉えているのかにあります。「頑張る」子育ては、「しっかりとした子どもに育てよう」という意識と容易に結びつきます。そして「しっかりとした子ども」とは、「我慢できること」「1人で頑張ること」

「弱音を吐かないこと」「人に迷惑をかけないこと」のできる子どもを育てるパターンになりがちです。なぜなら、今の若者たちの多くがそのように言われて育てられてきたからです。

確かに「我慢できること」「1人で頑張ること」「弱音を吐かないこと」「人に迷惑をかけないこと」といった価値観は、社会生活を送るうえでは必要なことです。ほとんどの者は、これらの価値観を何の疑いもなく「正しいもの」と受け入れているのではないでしょうか。

しかしこれらの価値観は、子どもに（大人にとっても）生き辛さを与える側面があることに気づいている人は少ないでしょう。「我慢できること」は、見方を変えれば、「自分の気持ちを出さ（せ）ないこと」になります。そうするとストレスがたまっていき、爆発（犯罪か心の病気）を引き起こすことになります。

また、我慢をすることは、「人に頼らない態度」を身に付けることになり、他者との間に良い人間関係を築けなくなります。人に頼らないということは、「1人で頑張ること」「弱音を吐かないこと」「人に迷惑をかけないこと」という考え方に通じます。人に頼らないで弱音を吐かず1人で頑張ることを人は賞賛しがちですが、実は犯罪者のなかには人に頼らない生き方をしてきた結果、自分に無理をして（強がって）犯罪を起こした者が多くいます。本当は寂しくて苦しいのに、それを言うと「恥ずかしい」とか「格好悪い」と考えて、逆に強がって生きてきたのです。犯罪者になる人は、強い自分を見せることで、人に承認されていると考えます。したがって、弱い自分を出すことは「絶対に許されない」と思い込んでいます。そして、弱い自分を出すことで、人が離れていくと考えています。彼らの心の奥底には、人が自分から離れていくという恐怖感が常にあるのです。孤独になること、言いかえれば、愛されなくなることを最も恐れるのです。こうしてみると、犯罪者が抱く価値観は、それらが生まれる背景や表現の仕方こそ違えども、私たちが抱いている価値観と大差ないと言えます。

人は皆、弱い生き物です。だからこそ、人は人に頼って生きていかないといけません。しかし、素直に自分の気持ちを表現することが不得手な人は、人に頼ることが苦手となります。そして、人は人に頼れなくなると、「モノ」に頼る、すなわち「依存」するようになります。本来なら「人」に頼ると「心」が満たされるので健康的になれるのに、それができないからモノで満たされない部分の「埋め合わせ」をしているのです。ある覚醒剤使用の受刑者が「人は離れていくけど、薬は逃げないですからね」と私に本音を言ったことがあります。人に裏切られた経験を持つ人がよく言う言葉です。

しかし、所詮モノはモノでしかありません。モノは心を完全に満たすことはできないのに、モノで心を満たそうとするから、逆にモノにのめり込んでいくことになります。アルコールやギャンブル、セックスや違法薬物である大麻や覚醒剤にはまり込んでいく背景には、人に頼れなくなった過去があるのです。そして、そこには人に頼れないだけのその人なりの「理由」が必ずあります。その理由の一つが、「しっかりとした子ども」にしようとする子育てにあるのです。「我慢できること」「1人で頑張ること」「弱音を吐かないこと」「人に迷惑をかけないこと」といった価値観は、りっぱなことのように思われますが、見方を変えると、「人とつながること」を阻害する要因にもなります。りっぱなしつけを受けて育ったのに、成人になってもうまく人とつながれず生き辛さを抱くことになるのは、こうした価値観が影響しているのです。

また、出生順位にも注意しないといけません。すなわち、第一子のことです。最初に生まれた子どもの子育ては、当然のことながら親にとって初体験なので、必要以上に子育てに頑張ろうとしがちです。「長男（長女）なんだから、しっかりした子どもに育てないといけない」と力むのです。その結果、厳しいしつけをしてしまうことがよくあります。そのうえ、弟や妹が生まれると、「下のきょうだいの手本となるように」などと言われて、下の子には優しく、長男（長女）にはさらに厳しい子育てをする可能性があります。こうして、第一子は大きな「荷物」を背負わされることになるのです。

荷物を背負い込んでしまうと、いつかは息切れしてしまいます。それは、結果として、不登校やひきこもりになったり非行に走ったりとなることがあります。親からすると、一生懸命に子育てをやったつもりになっていますが、結果として期待とは逆の状態を自ら招いているわけです。

## 「しつけ」がいじめの一因に

いじめによる自殺や暴行事件が毎日のように報道されています。インターネット上にアップされているいじめの動画を見ると分かるように、最近のいじめはもはや「いじめ」という次元を超えて、犯罪行為と言っても過言ではありません。

いじめが起きる原因を一言で言い表すことはできませんが、いじめが起きる背景には、私たちの心のなかに正しいと思って刷り込まれている価値観があることを見逃してはいけません。すなわち、先に述べた「我慢できること」「1人で頑張ること」「弱音を吐かないこと」「人に迷惑をかけないこと」といった価値観が「いじめ」を引き起こす原因にもなっているのです。

具体的に言うと、「我慢できること」という価値観を強く刷り込まれた者は、「我慢できない人」を見ると、その人の我慢できない態度が許せなくなります。「1人で頑張ること」が大切だとたたき込まれた者は、「1人で頑張れず途中であきらめてしまう人」や「他者にすぐに助けを求める人」を目にするとイライラします。「弱音を吐いてはいけない」と言われた者は、すぐに泣きごとを言う人を許せなくなります。「人に迷惑をかけないこと」が当たり前と思っている人は、「人に迷惑をかけられる人（＝人に甘えられる人）」を見ると、腹が立ってくるのです。相手に対して抱く不快感は、自分の心のなかに植え付けられた価値観が原因となっているのです。

自分のなかに、正しいと思って刷り込まれた価値観が多ければ多いほど、他者に対して「許せない部分」が増えていきます。そうすると他者との間で良い人間関係が築けないどころか、いじめにまで発展していく場合があるのです。その最悪の結果が、いじめによる犯罪なのです。

ところで、いじめ自殺に関しては、いろいろな対策が立てられているにもかかわらず、今も昔も変わらず起きています。問題の一つとしてよく取り上げられることは、いじめられた子が、いじめられたことを周囲の大人、とくに親に言えないことです。

大学のゼミで学生に、「君たちが中学や高校生のとき、自分がいじめられていたとしたら、その事実を親に言えましたか」と私が質問すると、大半の学生は「言えない」と答えます。理由を問うと、「恥ずかしいから」「親を悲しませたくないから」「親に迷惑をかけたくないから」「理由は分からないが、とにかく言えない」といった答えが返ってきます。

なぜ、子どもや学生たちは、こんなにも深刻な問題を親に言えないのでしょうか。他国に比べて、日本では親子間のコミュニケーションが不足していると指摘する人もいますが、私はそうは思いません。これまで述べてきた価値観が関係しているのではないでしょうか。つまり「しっかりしたしつけ」を受けていると、いじめられたことが「恥ずかしい」「親に迷惑をかけたくない」と思うことにつながるのです。確かにコミュニケーションが不足している側面もあるかもしれませんが、それは決定的な問題ではなく、当たり前だと思っている価値観が刷り込まれていて、子どもがいじめられていることを「弱い」と考えてしまっていることが一番の要因ではないでしょうか。

そうすると、私たちは自分自身がどういった価値観を持っているのかに気づいておく必要があります。一つの方法として、私たちが他者のどういった言動に対して不快感や嫉妬といった感情を抱くのかが判断材料になります。たとえば、男らしい態度を取る人を見て、口では「すごい」と言いながら心のなかでは不快感を抱いている男性の人は、「男は男らしくあらねばならない」といった価値観を持っているかもしれません。人に優しく接する女性を見て「優しいね」と言いながら内心では嫉妬している女性の人は、「女はおしとやかでなければならない」という考え方を強く持っているかもしれません。このように、自分が他者に対して不快な感情を抱くということは、自分の心のなかに不快感をもたらす価値観が強く根付いているからです。

ここで大切なことは、自分にとって良好な人間関係を取るうえで不都合な価値観があることに気づいた場合、それに気づいたことだけでも、とりあえず「よし」と考えることです。なぜなら、自分のなかに刷り込まれた考え方や価値観といったものは長年かかって形成されたものなので、気づいたからといって、すぐに自分の言動のパターンを止めたり消したりすることはできないからです。要は、気づいていることです。気づいていると、自分の感情を客観的にみることが増えてきます。そうすると、少しずつ変わることができます。「間違っていることはすぐに変えないといけない」と思う人は、「間違いは絶対に許されない」という価値観が刷り込まれているのかもしれません。

## 「尾木ママ方式」ではいじめを減らせない

いじめは、「教室の病」とも言われています。単に、いじめの加害者と被害者がいるだけでなく、いじめを見てはやしたてる「観衆」がいて、さらにそれを取り巻く「傍観者」がいるのです。これを、「いじめの四層構造」と言います（森田洋司・清永賢二『いじめ　教室の病い』金子書房　1986年）。したがって、いじめは、学級全体で取り組まないといけない問題なのです。

中学や高校の頃を思い出してください。一度は学校のホームルームや道徳などの時間でいじめの授業を受けているのではないでしょうか。いじめの授業には、一つのパターンがあります。それは、最初に「いじめられた子どもの気持ち」を考えさせていることです。

具体例を挙げましょう。尾木ママという愛称で教育評論家としてマスコミに頻繁に登場している尾木直樹は『いじめ防止実践プログラム』（学陽書房　1997年）のなかで、いじめが発生してからでは遅いことから、事前指導の必要性を訴えています。「事前指導の目標」として、尾木は「学級の子どもたちにいじめとは何か、いじめの実態とその構造、いじめの加害者、被害者の心の傷等について、理性的理解を深めることです。どの子も実感としてつかめるようにすることが必要です。そして、いじめの非人間性、いじめの虐待性について認識させることです」と説き、具体的な教材として、1994年11月にいじめで自殺した大河内清輝君の遺書と、実際にいじめを受け続けてきた土屋怜さんが書いた『私のいじめられ日記』（青弓社　1993年）と週刊少年ジャンプ編集部が編集した『ジャンプいじめリポート』（集英社　1995年）を挙げています。

実は、尾木の授業内容を紹介したのにはとくに理由はありません。他のいじめに関する図書をみても、尾木の内容とほとんど大差なく、いずれも「いじめられた子」の心情を考えさせる指導が徹底されています。尾木に代表されるいじめの指導方法は、受刑者に対して行う「被害者の視点を取り入れた教育」と同じ流れになっていることに気づきませんか。教材は、いじめを苦にして自殺した子どもの遺書やいじめられた子の日記です。そして「いじめの非人間性、いじめの虐待性について認識させる」というのです。いじめられた被害者の心情を理解させて、「いじめは人間として最低の行為だ。絶対にあってはならない」と思わせる手法です。大なり小なり、ほとんどの人はこのような内容の授業を受けた経験があるでしょう。そして、ほとんどの人が、「そう言えば、あんな授業があったなあ」くらいの感想しか持っていないのではないでしょうか。少なくとも、中学・高校時代にいじめの授業を受けて、「心に響いた」といった感想を述べた学生を私は知りません。

いじめられた子どもの気持ちを考えさせて、いじめの酷《ひど》さや残酷さを理解させようという考えは十分に理解できます。しかし、この方法だと、「いじめは悪いことだ。いじめは止めないといけない」と、マニュアル通りに授業が進んでいくだけで、何か新しい気づきは得られません。いじめられた子どもの気持ちを考えさせるパターンは、最初から指導者側に「いじめは悪いこと。だからいじめた子には反省させよう」という意図があることを感じます。いじめた加害者は悪い奴で、いじめられた被害者はかわいそう。だからいじめはしてはならない。シャンシャンです。一時的な効果はあるかもしれませんが、これではまったく深まりがありません。

さらに言えば、親から虐待されていたり厳しいしつけを受けていたりする子どもたちにとって、「いじめられた子どもの気持ち」を考えさせることはとてもしんどいことにはならないでしょうか。そうした子どもたちは心のなかにいつもうっ積した否定的感情がうずまいています。彼らは、自分の心のなかにある否定的感情のはけ口を求めています。それは、具体的にはいじめという形に発展する場合もあるでしょう。そうした子どもたちにとって、いじめられた子どもの気持ちを考えさせることは、さらに抑圧を強めることになり、結果として大きな爆発をもたらすことになるのではないかと危惧します。彼らにとって本当に必要なことは、いじめられた被害者のことを考えることよりも、自分自身が親から受けた「被害」を語る（吐き出す）ことなのです。

## いじめ防止教育は「いじめたくなる心理」から始める

以上を踏まえて、私の提案を紹介します。いじめ教育も、私が受刑者に行っている「被害者の視点を取り入れた教育」と同様、「加害者の視点」から始めるのです。すなわち、いじめられた子どもの心理ではなく、「いじめた子どもの心理」を最初に考えさせるのです。

もちろん、いじめという行為は許されるものではありません。しかし、いじめる場合にも、いじめる側の「理由」があります（私はいじめられた子どもの方にも問題があると言っているのではありません）。その理由を明らかにしないかぎり、本質的な問題には迫れません。いじめられた子どもの気持ちを考えさせると、なぜ「いじめてしまうのか」を考える機会を奪うのです。

したがって、被害者のことを先に考えるのではなく、まず加害者のことを徹底的に話し合うことが必要です。「なぜ、いじめたくなるのか」を皆で話し合うのです。このことについて、「いじめた子ども」の書いた文章を読ませたりいじめている子のビデオを見せたりして、子どもたちに考えさせるのです。たとえば、少年ジャンプの『ジャンプいじめリポート』には「いじめっ子の心理」も取り上げられています。いくつか事例を引用します。

（1）14歳・女性

私はいつも、人をいじめる側でした。もっぱら、精神的ないじめですが。

まず、部活内でTさんをいじめました。

Tさんは、いわゆる調子のいいタイプ。目立った存在の子でもありました。最初は、とくにいやでもなかったんですが、その子を見てるうちになぜか〝大嫌い〟になっていって…。

私は部活内で中心的な女の子です。やがて、私のTさんに対するシカトは同級生、先輩へと伝染していって…。間もなくTさんは部活をやめていきました。

次にいじめたのは、同じ部活内のIさんです。

Iさんを私たちがいじめたのは、実にかんたんな理由からです。それというのも、IさんがTさんと仲がよかったから。それでいてIさんは、私たちの前でTさんの悪口をいう。つまり、人によって態度をコロコロと変えるような女の子なんですね。

結局Iさんも、私たちのシカトのせいで部をやめていきました。

他にも何人かの子を、精神的にいじめました。

いじめているときは、とくに〝悪いな〟とは思っていません。また〝楽しい〟と思っているわけでもありません。ただ、私たちの年齢の子は、笑いながら人を苦しめることができることだけはたしかです。心のどこかに、そういうことを許される部分があるんです。うまくいえないんですけどね。

このケースを読むと、いじめっ子がTさんに対して「調子のいいタイプ」で「目立った存在」であることに嫌悪感があることが分かります。またIさんに対して「人によって態度をコロコロと変えるような女の子」であることが許せないことが理解できます。要するに、人とうまく付き合える子に対する嫉妬心があるのです。

こうした文章を子どもたちに読ませて、「これを読んで、どう思いますか」「なぜこの子はいじめてしまうのだと思いますか」「同じような気持ちになった人はいませんか」などといろいろな視点から質問を投げかけ、子どもたちの意見（＝本音）を求めるのです。「人とうまく付き合える人」に嫉妬して、いじめたくなる気持ちの背景には、「誰かとしっかりとした『つながり』を感じられない」ことによる恐怖心があります。そして、そういった子どもほど「人に嫌われまい」として、人の目を気にして常に不安を感じています。要するに、本当は自分も「調子がよくて目立った存在」でありたいのです。シンプルに言えば「注目されたい＝愛されたい」のです。それが明らかにできれば、成功です。授業では、教師の自己開示が必要な場合もあるでしょう。「調子よく目立った存在でいる人」を見ると「先生も目立っている人を見るとうらやましく思う気持ちがあるよ。本当は自分もそうなりたいけど、なかなかうまくいかないから、腹が立ってくるのかもしれないなあ」といじめたくなる子どもの心理に「共感」を示し、「人は皆、皆に注目されたい気持ち、すなわち愛されたい気持ちがあるものです。自分が愛されたいという気持ちをうまく表現するためにはどうしたらいいか考えてみよう」などと提案してもいいかもしれません。

（2）13歳・女性

私は親友のMちゃんをいじめてました。

ただ、かげでこっそりやってたので、Mちゃんは私が〝犯人〟だとは知りません。私に相談しに来たくらいですから。

「靴を隠されたり、ハシがなくなったりするの…」

気になって「夜もなかなか眠れない」なんてこともいってました。

Mちゃんは私よりもよく勉強ができる子です。もちろん、そのことで偉ぶったりはしません。でも、私は彼女と一緒にいると、自分の方が下に思えて仕方がないんです。ひとことでいうと、女の嫉妬？　それが私をいじめに向かわせるんです。

この文面を書いた子どもは、勉強に対するストレスが強くあることが分かります。そのストレスが、勉強ができる子に対する嫉妬心として表れていることに自分でも気づいているのです。勉強によるストレスを感じている子どもは多いでしょう。授業では、「この子のように感じたことはないですか」「勉強しなさいと言われて、しんどい思いをしている人はいませんか」などと問いかけてはどうでしょう。子どもたちが親に「勉強しろ」と言われてしんどい思いを言い始めればＯＫです。同じような悩みを持っていることを共有できることが大切なのです。

（３）13歳・女性

理由はとくにありません。けど、私は今、ある女の子をいじめています。いじめをすると、サイコーの快感を覚えます。ストレス発散にもなるのか、自分でも気分がスカッとするのがわかります。

自分でいうのもアレなんですが、私はクラスの中心的な存在です。で、私がいじめると、他の女の子たちも一緒になっていじめます。結果として、そのいじめられっ子は、クラスの女の子のほぼ全員からいじめられることになります。

暴力などは振るいません。ただただ、陰湿ないじめです。たとえば、その子にわざと聞こえるように悪口をいいます。また、彼女が給食当番のときは、全員で示し合わせてごはんに口をつけなかったり、彼女のおみそ汁に土を入れたり…。

時々、彼女のことがかわいそうになります。〝もうやめよう〟と思わないでもないんです。でも、私がいじめのリーダーじゃないですか。今さら、ひっこみがつかなくなっとるんですよ…。

最後のケースは、「いじめを止めたい」という訴えです。しかし本人はいじめを止めることができなくなっていることに苦しんでいます。「皆が、この子の立場だったら、どうする？」「この子がいじめを止めるためにはどうしたらいいと思う？」といった問いかけはどうでしょう。誰かが「先生か友だちに相談する」と言い出せば、教師は「すごいね！」「それは、とてもいい方法ですね」などと言ってその発言を大いに称えるのです。

いじめる子の心理を考える授業の基本は、「皆にとってストレスになっていることや、愛されたい気持ちが素直に出せないこと」を提示することから始まり、「人は誰もが寂しさやストレスを持っているとき、それを弱い者に向けてしまうことがある。だから、寂しさやストレスがあったら、ため込むのではなく、誰かに話を聴いてもらうこと（＝頼ること）が必要です」と展開するのです。人は皆、弱い生き物です。だからこそ、人は誰かに頼らないといけないという考えを持つことは、受刑者に対する授業の展開と変わりません。

以上のように、「いじめる心理」をじっくり考えることから始めて、最後に「いじめられた子どもの心理」を考えさせれば、いじめに対する理解はぐっと深まると思います（「いじめる心理」だけをじっくり考えさせるだけでも十分に効果があると思います）。この展開は、繰り返しになりますが、「加害者の視点」から始めるということです。加害者の視点だからこそ、「本音」が出せます。本音が出ないと、自分の内面と向き合えません。内面と向き合わない教育は、結局は表面的になってしまい、「何かを得た」という学びの実感を子どもにもたらしません。だからいじめの授業でインパクトを受けた印象を誰も持っていないのです。

## 「強い子にしよう」というしつけ

いじめの話が長くなりましたが、実は私はいじめの事例も受刑者の授業で取り上げています。いじめられた子の心理を考えさせると、ほとんどの受刑者が「自分がいじめられたら、必ずやり返しますよ」と当然のごとく答えます。この言葉を捉えて、私は「それは、『力に対して力で対抗する考え方』ですね」と確認します。そのうえで、「この考え方で生きていくと、この先（出所後）の人生はどうなるでしょうか」と問いを投げかけます。男性の受刑者は、ほぼ１００％と言っていいくらい、「男は強くなければならない」「男は勝たなければならない」という考え方を根強く持っています。おそらく受刑者ほどではないにしても、世の中の男性は（私も含めて）、こうした考えを多少なりとも持っているのではないでしょうか。

受刑者の場合、力に対して力で対抗してばかりいたら、何度も犯罪を起こすことになりかねません。「逃げる」ということも学ばないといけません。受刑者のなかには、驚くべきことに、「『逃げる』という考えなんて思い付かなかった」と言う者もいるのです。逃げることは、見方を変えると、「自分の身を守る」ために必要なことなのです。しかし「男は勝たなければならない」という価値観を強く持っていると、「逃げること」は最高に「恥ずかしい」態度になります。売られたケンカは買うのが当たり前。ケンカになれば、勝たなければいけない。そうした考え方が暴力を生み、最悪の場合、殺人へとつながっていくのです。

男だって泣きたいときがあります。弱音を吐きたいときもあるはずです。しかし一般的に言って、男が泣いたり弱音を吐いたりすると「女々しい」といった見方をされがちです。「女々しい」という言葉は、「女」という字が入っているのに、皮肉なことに、男性のマイナスイメージを強調するためにある言葉です。「男らしく」生きることによって、男性は苦しさや辛さを表現できずに抑圧していきます。さらに周囲の評価が拍車をかけます。たとえば、道で転んで怪我をしたり誰かに嫌なことをされて辛い目にあったりしても、泣かないで耐えている男の子の姿を見ると、周囲の大人は「泣かないで偉いね」と言って褒めます。こうして男は「男らしくあらねばならない」という価値観がしっかりと植え付けられさらに抑圧を強めるのです。

女性の場合はどうでしょうか。今でこそ「肉食系」という言葉が流行っているように、女性の積極性が認められていますが、まだまだ「女の子はおしとやかでなければならない」という価値観が根強く残っているのではないでしょうか。女の子が勝気な振る舞いをすると、「女の子のくせに」と否定的に見られがちです。今でも世の女性は、「女性らしく」振る舞うことが求められているのです。男性も、どちらかと言えば肉食系の女性よりも「おとなしい」女性の方を好むのではないでしょうか。なぜなら、おとなしい女性は「自分の思う通りに従ってくれる」と男性の方が勝手に思い込むからです。もちろん「おとなしい」女性が悪いと言っているわけではありません。問題は、「おとなしさ」を無理に装っている場合です。そうであれば、女性も自分の素直な気持ちを言うことを控えて自然と抑圧することを身に付けていることになります。

まとめれば、「男は男らしく、女は女らしく育てよう」という考え方で子どもを教育すると、子どもはしっかりと抑圧することを身に付け、後々に問題行動を起こす原因にもなるということです。

## 早く「大人」にしようとすると危ない

「強い子にしよう」というしつけと関連して言うと、親は子どもを早く「大人」にしようと教育しがちです。「もう中学生になったんだから」「もう大学生なんだから」「もう成人だから」といった言葉の裏側には、いつまでも「子どもっぽさ」を持っていることはダメというメッセージが込められています。「子ども」なのに「大人」として振る舞うことが求められているのです。そして、周囲の大人も、同年代の子どもよりも大人らしく振る舞うことができる子どもを評価します。「中学生になったんだから、少しはしっかりしなさい」「大学生になったのだから、大人として振る舞わないといけない」「成人になったのだから、これからは一人前の人間として自立しろ」といった言葉をよく耳にします。「子どもっぽさ」はダメで、「大人らしさ」が賞賛されるのです。しかし、この考え方で子どもをしつけ続けると、後々に大きな問題を起こすことになります。

子どもの頃に子どもは、子どもらしく育つことで健康的に過ごすことができ、いい大人になれるのです。私たち大人が今健康的に生きていられるとしたら、それは子ども時代に子どもらしく育っているからです。「子どもっぽさ」は自分の素直な感情を十分出せていることです。一方、子どものときから「大人らしさ」を無理して引き出すことは、素直な感情を抑制させることになります。

子ども時代に「子どもっぽさ」を出せた人は、大人になっても、素直な感情を出せる人になれます。素直な感情を出せることは「ありのままの自分」を出せることなので、他者との間で良い人間関係を築くことができます。「大人らしさ」を無理して出してきた人は、大人になっても、素直な感情を出せる人にはなれません。そういう人は、常に自分の気持ちを抑圧しているので、健康的になれないばかりか、「ありのままの自分」

を出せないので、人と良い関係が結べません。

さらに言えば、「子どもっぽさ」を出せることは、子ども時代だけでなく、人生を健康的に生きるためには、死ぬまで必要なものです。大人になっても、誰もが寂しさや苦しみ、ストレスといったものを持つものです。「子どもっぽさ」を出せることは、そうした「しんどさ」を発散させてくれます。いい大人でいられる条件は、「子どもっぽさ」をうまく出せることと言っても過言ではありません。飲み会やカラオケで楽しくはしゃいだり、仲間とふざけ合ったりすることが、「しんどさ」を発散させることになって、大人としての「いい仕事」ができるのです。

しかし子ども時代に「子どもっぽさ」を出せなかった人は、「子どもっぽさ」の出し方を学ばなかった人ですから、常に大人の振る舞いしかできません。したがって、「しんどさ」を発散する方法を知りません。大人らしさを無理して出してきた人ほど、突然とんでもない事件を起こすことが珍しくありません。子どもの頃に出せなかった「幼児性」がたまりにたまって爆発するのです。事件を起こしそうもない人が犯罪をしたとき、「とても真面目だったあの人が、なぜあんな犯罪を起こしたのだろうか」と思われますが、「自分に大人らしさを強いて無理してきたから、あの人はあんな犯罪を起こしたのだ」と考えた方が現実に合っています。

ほとんどの受刑者は、子どもの頃に「子どもっぽさ」を出せていません。そもそも「子どもっぽさ」を出せるには条件があるのです。それは、「子どもっぽさ」を受け止めてくれる「大人の存在」です。大半の受刑者の親（養育者）は、子どもを受け止める存在ではありません。両親が離婚していたり養育を放棄されたりして、親（養育者）そのものが存在していなかった場合も少なくありません。存在していないから、子どもっぽさを出せるはずがありません。

また、暴力を振るわれたり酒を飲んで暴れる父親の姿を見て育っていたりする場合はどうでしょう。そういう環境のなかで生きてきた子どもたちは、暴力を振るわれないように「いい子」でいようとしたり、酒を飲んで暴れる父親の顔色をうかがいながらいつもビクビクしたりしています。そうすると、当然のことながら、子どもたちは「子どもっぽさ」を出せず、大人として振る舞うことを強いられます。非行に走る少年がタバコを吸ったりシンナーに手を出したりして、無理に「大人であること（＝男らしさ）」を強調して皆の注目を浴びようとする背景には、「子どもっぽさ」を受け止めてもらえなかった悲しみや辛さがあるという見方ができます。非行少年や受刑者の問題行動の出方は極端ですが、私たちが普通に抱いている子育てのあり方とけっして無縁ではないのです。

私は、講演会などで子育てに関する話をするとき、「小さい子どもが大人の振る舞いをすることは大変危険です」と言います。そうならないための方法として、「両親が仲良くすること」を一番に挙げます。両親の価値観に多少偏りがあったとしても、仲が良ければ大丈夫です。両親が不仲であると、子どもは「自分が悪い子だから、お父さんとお母さんは仲が悪いんだ。いい子になろう」と考えます。子どもは常に親が気に入る態度を取ろうとして、大人の振る舞いをするのです。家が暗い雰囲気なので、無理して明るくしようとするかもしれません。子どもながらに「大人として」懸命の努力をするのです。その姿を見て、「小さいのに偉いね」と褒めてしまうと、後々に必ず大きな問題が起きます。昨日までまじめだったのに、突然非行に走るケースも珍しくありません。非行や心の病気という形で、一気に爆発する場合もあります。爆発に至らない場合でも深刻な事態を招きます。普通に生活しているようにみえていても、成人になってから本人は大変な生き辛さを感じることになるからです。

どんなに幼くても、子どもは親の態度に敏感に反応するものです。したがって、子どもが大人の振る舞いをしていると感じたときは、なぜそのような態度を取らせているのか、親は我が身の言動を振り返らないといけません。

## 「ありのままの自分」でいてはいけないというメッセージ

私たちは生まれたときは皆、赤ちゃんです。言わば、「ありのままの自分」そのものです。しかし成長する過程で、周囲の大人からいろいろなメッセージをもらって、「ありのままの自分」でいられなくなるのです。

「１００点を取らないといけない」と言われた【ケース３】の井上君は、勉強で猛烈に頑張らないと親からの愛を得られませんでした。井上君にかぎらず、今生き辛さを感じている人は、「ありのままの自分」でいてはいけないというメッセージを過去にたくさんもらっているのかもしれません。「男らしく生きなさい」「男は勝たないといけない」と言われた男の子は、「男らしさ」を持ち続けないといけなくなります。「女の子はおしとやかでなければいけない」と言って育てられた女の子は、女らしく振る舞うことを求められます。きょうだいと比較されて育った子どもは、競争心を持ち続けないといけなくなります（敗北感を持つと無気力になるかもしれません）。指示や命令ばかりする親は、指示や命令に従わないといけないことが当たり前になって、子どもは親の指示や命令に応えているかどうか常に親の反応をうかがうようになるかもしれません。

「まえがき」で私は軽微な犯罪の例を取り上げましたが、本当に不注意でない場合、指示や命令を多く受けてきた者ほど、軽微な犯罪をするのではないかという「仮説」を持っています。なぜなら、指示・命令を多く受ければ受けるほど、それだけ内発的な「道徳観」というものを持てなくなるからです。人に言われたことなら従うが、誰にも分からなかったら「これくらいのこと、何ともないだろう」と自己本位な価値観を持ってしまうかもしれないのです。指示・命令は、自分の判断で行動することよりも、他者の評価が優先されます。自分が何かをするときに、他者の考えが判断するうえでの基準になり、自分自身のなかに確たる価値判断がつくれなくなるのです。

一言で言うと、問題行動を起こす人は、「ありのままの自分」ではいけないというメッセージをたくさんもらった人ということになります。指示・命令に従えたら「いい子」で、従わなかったらダメな子。毎回100点を取れたら「いい子」で、取れなかったときはダメな子。男（女）らしい振る舞いができたら「いい子」で、男（女）らしい振る舞いができないとダメな子。親の期待に応えられたら「いい子」で、期待に応えられなかったらダメな子。きょうだいの競争に勝った者は「いい子」で、負けた者はダメな子、となるのです。そもそも親の愛とは「無償の愛」でなければなりません。「無償の愛」のなかで育った子どもは「ありのままの自分」でいいと自分自身を受け入れることができます。「条件付きの愛」で育った子どもは、条件に応えられないときの自分を「ダメな人間」と思ってしまいます。問題行動の原点は「条件付きの愛」のなかで子どもが育ってきたことにあるのです。

親や教師は勉強やスポーツで伸び悩んでいる子どもに対して、「やればできる」という声かけをしがちです。確かに「やればできる」という言葉は他者を励ましていることにもなりますが、見方を変えれば、「やればできる」ということは、「今のあなたではダメ」というメッセージを伝えていることにもなります。当たり前と思っている表現の一つひとつにも、相手に対してストレスを与えている場合があることに気をつけたいものです。

## 「しっかりした親」の問題

親が「りっぱな人」であれば、それだけでも子どもにとってプレッシャーになります。

親が教師や警察官、医者や会社の社長、大学教授や著名人であることも、生まれながらにして子どもは「余分なもの」を背負わされていることになります。親が教師や警察官である場合、他の家庭の親よりも、子どもに対して厳しいしつけをする可能性がありま す。なぜなら、教師や警察官といった職業は、周囲から道徳的な人間であることを求められるからです。そうすると、親は子どもに対しても必要以上に道徳的であることを求めます。「りっぱな肩書」を持った親の子どもは、普通の人より期待されたり注目されたりします。その分だけ、子どもにとってはストレスになるのです。したがって、地位や名誉のある「りっぱな親」は、子どもにとっては心理的にハンディになるかもしれないのです。

また、親が子どもの前では常に「親として、しっかりしないといけない」と思っていることも、後に子どもが問題を起こす原因になります。たとえば、「親なんだから、子どもの前では弱音を吐いてはいけない」と思い込んでいると、子どもは弱音を吐けない人間になるかもしれません。人間は皆、弱い生き物です。自分の弱さもダメな部分も欠点も、すべてありのままの自然な姿を見せられる親は、親自身が「ありのままの自分」を受け入れていることです。そして、「ありのままの自分」を受け入れている親の子どもは「ありのままの自分」を受け入れられます。人は、自分がされたことを人にして返すのです。本書で何度も述べていることが、ここでも当てはまります。「ありのままの自分」でいいと思える子どもになってもらいたいと思うのなら、親が「ありのままの自分」でいればいいのです。「しっかりした親」は、「ありのままの自分」ではいけないというメッセージをたくさん持っている親なのです。

# 第5章　我が子と自分を犯罪者にしないために

## 問題行動の背景をいっしょに考える

最終章では、家庭や学校におけるしつけや教育のあり方という観点から、問題行動が起きたときの対処法と、日常生活において私たちが健康的に生きる方法について考えてみます。

ここまで本書を読んでくださった方は、問題行動が起きたときに最も大切なのは、「反省させないこと」であることは分かっていただけたかと思います。反省させるのではなく、「なぜこの子（あるいは自分）は問題行動を起こしたのだろうか」と周囲の大人がいっしょに考える視点を持つことが必要です。叱るとしても、その後でいいでしょう。否、原因が分かると、多くの場合、大人の方に問題があることに気づき、自ら恥じ入る気持ちになるかもしれません。しかし、それはそれで、親子関係や生徒と教師の関係だけでなく、あらゆる人間関係にとって、とても良いことです。

普通、問題行動を起こした子どもは、叱られるものと思っています。そこで大人が、「今回、問題を起こしたことは、君がいい方向に向かうためのチャンスとしたい」と伝え、「今回、なぜこのようなことが起きたのか、いっしょに考えよう」と問題行動を起こした背景を子どもといっしょに考える姿勢でいることを伝えます。

家庭と学校とでは、少し言葉がけが違ってくるでしょう。しかし基本的な進め方は同じです。いずれも、叱るという態度ではなく、受容的な態度で臨みます。まずは「日頃から思っていたことを自由に話してくれないか」と切り出してみましょう。

本音を言ってもかまわないという気持ちに子どもがなれば、時間がかかるかもしれませんが、子どもは少しずつ本音を語り始めます。本音を語り出したら、大人はしばらく口をはさむことは控え、子どもの言葉にひたすら耳を傾けます。途中で、子どもが間違った考え方を言ったとしても、それを指摘せずに、子どもの語りをさえぎらないようにしてください。話のなかで、子どもが不満やストレスを話し出せば、それが問題行動を起こした要因と捉えることができるでしょう。親が聞き手であった場合、親自身が否定されるような言葉を聴くことになって、耳の痛い思いをするかもしれませんが、親も自分の気づいていなかったことを子どもから教えてもらう気持ちになって、子どもの話を最後まで聴いてください。

そして、大人は、子どもが不満やストレスといった否定的なことを話すためには勇気が必要であることを知っておいてください。子どもでなくても、誰もが自分のネガティブな感情を人前で話すことを恥ずかしく思うものです。だからこそ、子どもが本音を言えたら、大人は「よく話してくれたなあ」と子どもが話してくれたことをねぎらいます。「辛い思いをしていたんだな。1人でずっと悩んでいたのではないの？　話してくれてありがとう」などと言ってください。親が自分に問題があることに気づいたら、「お父さん（お母さん）にもまずいところがあったんだなあ。ごめんな」と言って素直に謝罪しましょう。本音で話し合えれば、親子関係はぐっと深くなります。問題行動をきっかけに親子関係が好転し、その後は素直に本音を言い合える豊かな関係になります。

また、教師であれば「そんな嫌な気持ちでいたのか。それはしんどかっただろう。長い間、誰にも言えなかったのではないかな。話してくれてありがとう」と伝えたいものです。このように共感してもらえると、生徒は教師を信頼するようになり、その後の生徒の人生も変わってきます。生徒は教師を通じて大人という存在を信頼するようになります。子どもが自分の不満やストレスを言語化し、苦しい思いを受け止めてもらうことによって、子どもも問題行動の過ちに自ら気づくことができます。

子どもが本音を話しているときに、絶対に言ってはいけないことがあります。正論です。「お前の考えは間違っている」「未成年なのにタバコを吸うことは許されない。身体にも悪い」や「このままだと、いい学校に行けなくなる」などといった説諭です。大人の言っていることは間違っていません。間違っていないからこそ、子どもは何も言い返せなくなるのです。そうすると、子どもはようやく開きかけた心を再び閉ざします。子どもは本音を話したことを後悔し、結局反省の言葉を引き出すパターンに陥ってしまいます。下手をすると、それ以降、子どもは親や大人に対して「絶対に本当のことは言わない！」と心のなかで決意し、二度と本音を話さなくなるかもしれません。あるいは、面従腹背の態度になるかもしれません。表面上はまじめな態度を取りながら、心のなかで舌を出しているのです。こうなると最悪です。ピンチがチャンスとはならず、さらなるピンチを招き、それが爆発（非行や犯罪）へと向かう出発点となります。

正論を言えば、親が勝って子どもが負けるという構図に必ずなります。結果として残るのは、親子関係の悪化です。正論は、相手の心を閉ざす「言葉の凶器」と考えてもいいでしょう。親と子どもの関係だけにとどまらず、あらゆる人間関係において、正論を言うことは相手との関係を悪くする可能性があることを理解しておきたいものです。

### 親から「迷惑をかけられたこと」を考える

第3章で内観療法を取り上げました。この心理療法は、「迷惑かけたこと」を考えて、感謝の気持ちをもつことが特徴であると述べました。そして、矯正教育では、内観療法が反省させるための道具になっていることも指摘しました。非行少年や受刑者を例に挙げましたが、内観療法も使い方を誤ると、矯正教育で行われているように、私たちの感情を抑圧させることになります。

私たちは、「親に感謝しないといけない」と言われて育っています。しかし、言い方は悪いですが、普通に日常生活を送っている私たちでさえ、親から「迷惑をかけられていること」があるのです。すでに述べた例ですが、「我慢しなさい」「1人で頑張りなさい（人に甘えてはいけません）」や「弱音を吐いてはいけない」といった価値観は、私たちに生き辛さをもたらす場合があるのです。もちろん親も「よかれ」と思って、そうした価値観を子どもに伝えています。当たり前と思っている価値観なだけに抵抗があるかもしれませんが、生き辛さを生み出しているかぎり、やはり親から迷惑をかけられたことになるのです。しかし、親に迷惑をかけられたことが分かったからと言って、親に怒りや不満を直接ぶつけるのもどうかと思います。なぜなら、親も同じように育てられてきたからこそ、「よかれ」と思って、そうした価値観をまるごと子どもに伝えているのですから。

注意したいことは、「迷惑かけたこと」だけを主眼に置いて内観をすると、私たちはどういった価値観を親から取り込んでいるのかをみつめることができなくなるということです。自分の生き辛さを生み出している原点を「内観」することなく、育ててくれた親に対して、ひたすら「感謝の気持ちを持ちなさい」と求めることは、非常に危ういものです。内観療法の問題点は、ここにあると私は考えています。

もちろん、親の否定的側面をみつめることは辛いことです。しかし、今生き辛さを感じている人は、親からどういった価値観を刷り込まれているのかをみつめることも必要です。当たり前のように考えていた価値観が自分を苦しめているのであれば、その価値観の見直しをした方が良いはずです。

## 「反省文」の代わりになるもの

学校などで問題行動が起きた場合、一般的に周囲の教師や親が納得するために、生徒や学生たちが反省している証が求められます。そこで反省文を書かせても、問題を悪化させるだけになることは繰り返し述べてきました。「自分の思っていることを自由に書きなさい」と言っても、彼らは「反省しています」といった文章を書くことになるでしょう。彼らは「反省すること」に慣れているのです。

そこでちょっと工夫したいものです。教師が生徒に「今回のことをいい機会にしたい」と受容的な姿勢でいることを伝えたうえで、「今回のことを親（養育者）に言ったら、親（養育者）は君に何と言うだろうか」と問いかけてみてはどうでしょうか。実際に大きな問題行動を生徒や学生たちが起こした場合、親に連絡をしないといけなくなります。彼らは、「（親は）お前がまじめにしていないからだ」「そんな子どもに育てたつもりはない」「自分のことは自分で責任を取れ」などと答えるかもしれません（これは実際に私が生徒や学生たちから聞いた言葉です）。そこで「そうか。もしかしたら、これまで自分の言い分を聞いてもらえず、叱られてばかりいたのではないですか」「そんなことを言われて、傷ついていたのではないのかな」「厳しい罰が与えられたことはなかった？」といった言葉を返し、問題が起きたときに過去の親子間でどのようなことがあったのかを教えてもらいます。そのうえで、「今回の件を親に言ったら、本当は親に何と言ってほしい？」と彼らに考えさせます。

このような問いかけは、彼らにとっておそらくはじめてのことなので、最初はとまどうかもしれません。しかし、こちらが受容的な姿勢でいることが伝わると、彼らは真剣に考えてくれます。彼らは「お前のことを信じている」「なんかしんどいことでもあったの？」などと、多くの場合本当は親から受容的な態度でいてほしかったことを語ります（これらも実際に聞いた言葉です）。こうした言葉を言いながら、涙を流した者がたくさんいました。自分のことを受け止めてくれなかった親に対する悲しみや辛さがあふれ出てきたのです。辛い気持ちになるかもしれませんが、彼らが問題行動を起こしたことは事実なので、乗り越えないといけない壁なのです。

以上の質問をきっかけにして、課題を与えるとしたら、反省文ではなく、「親に本当に言いたいこと」を書くように求めてはどうでしょうか。私たちは「君が本当に親に言いたいことを書くことを評価したい。だから、否定的なことは書いてはいけないなどと思わずに、心に浮かんだことを素直に書いてほしい」と伝えておきます。そうすると、彼らは親への「不満」や「願い」を書いてくることが期待できます。不満が出ることで、心のなかが整理されていきます。「願い」も、自分の本当の気持ちが親に聞き入れられていなかったという点で、不満という捉え方ができます。否定的感情が外に出たとき、はじめて自分が起こした問題に対する気づきが生まれることが期待できます。

「親には問題がない」と考えている生徒や学生もいます。そのように答える者に対しては、言葉どおりに受け止めるのは早計です。「本当にそうですか。親との間で、君はこれまで我慢していたり寂しい思いをしていたりしたことはないかな」などと本人も気づいていない視点を与える質問をしたいものです。問題行動の背景には、親に対する葛藤があったり親に素直な自分を出せなくなったりした理由があるものです。そうした側面への気づきを促すことが、問題行動が起きたときの支援なのです。

親との関係ばかりを問題にしてきましたが、友人関係や学校に対するストレスもあるかもしれません。孤独感に苦しんでいる場合もあります。そうした場合こそ、反省させることは最もまずい方法です。彼らの寂しさやストレスに耳を傾けたうえで、なぜ彼らが寂しさやストレスを持ってしまったのかをいっしょに考える姿勢が求められます。そこには人に頼れなかったり甘えられなかったりした価値観や、自分に無理をしている考え方があるかもしれません。問題が明らかになれば、適切な助言ができます。

一例を挙げます。留年を繰り返してなかなか単位が取れない男子学生がいました。運動部に所属していた彼は、大学４年生までは友だちがいたので普通に頑張れたのですが、自分が留年をすると、他に頼れる友人がいなくなって孤独に陥っていたのです。運動部に所属していただけに、誰かに甘えるという態度を必要以上に恥ずかしいと感じていたのです。そんな自分自身のことを彼は「甘えている」と言いました。その言葉を聞いて、私は「逆ですよ」と言いました。「男らしくなければいけない」という考え方があるから、人に甘えられなくなっていると伝え、最後に彼の提案をもとに、実際に下級生にノートを借りるロールプレイをしました。自分の課題に気づいたのか、部屋を出るときの彼の表情は一変していました。

反省文の問題からそれましたが、何か課題を出して提出されたら、そのときに面接を行い、自分の内面の問題と今回の行動との関係を考えさせます。うまく進んでいれば、面接をした時点で、彼らはすでに自ら自分の内面の問題を洞察していて、そのことを語ることもあります。彼らに自己理解があれば、「今回のことを通じて理解できたことと、今後の生活のあり方」を課題に出すといいでしょう。問題の根が深いとかなりの時間を要するかもしれません。その場合は、校内のカウンセラーの支援を求めてもいいでしょう。本来ならば、問題行動が起きたときのために専門家による「支援体制」が確立されていることが望ましいのですが、そこまで人的な余裕のある学校はありません。したがって、支援者一人ひとりが力を付けていく必要があるでしょう。

以上の結果から、問題行動を起こす背景には自分の内面の問題が関係していることを本人が多少なりとも理解できていればOKです。自己理解があれば、今後の生活が改善されることが期待できます。教育の現場なのですから、処罰することではなく、生徒や学生たちが学校生活を前向きに生きていくことを目的としないといけません。

ただ、言うまでもなく、生徒や学生たちが抱える内面の問題は個別です。したがって、彼らが内面の問題を考えるために、あらかじめいろいろな課題を用意しておきたいものです。たとえば、以下の課題などです。

「これまでに親からよく言われたこと」
「自分のストレスについて」
「今、悩んでいること（しんどいこと）」

「今回の行動を起こして『得たもの』と『失ったもの』」

書かれたものから何を読み取るのか、あるいは書かれた内容が表面的なものかどうか、もし表面的であれば別にどのような課題を与えればいいのか、といった判断が求められますので、専門家の助言が必要となるときがあるでしょう。

私自身、以上に提示した課題がベストであるとは考えていません。本音を言えば、反省文の代わりになるような決定打は存在しません。課題は、問題行動を起こした者と面接する側との間でじっくり話し合うなかで、自然と生まれてくることが理想です。本来、学校とは、人を罰するところではなく、人をより良い方向に導く「教育の場」です。それゆえに、問題行動を起こした者に対して内面をみつめさせるために、手厚いケアをしないといけません。「反省」という「形」を求めるのではなく、「更生」という視点を持つのです。更生とは、字が示すように、「更に生きる（＝立ち直る）こと」を意味するわけで、「誤りを正す」という「更正」ではありません。

「ありがとう・うれしい」と「寂しい・悲しい」

ここからは、人間関係を良いものとするために、普段から私たちが心がけておきたいことを記します。

人間関係を良くするために使いたい言葉は、「ありがとう」と「うれしい」の2つです。「当たり前のことではないか」と叱られそうですが、意外と使っていないのです。とくに夫婦関係や親子関係などでは、相手が「やってくれて当たり前」という考え方でいると、この2つの言葉が使えません。

夫婦関係で言うと、たとえば妻が食事の準備をしてくれたときに夫は「ありがとう」と言っているでしょうか。夫が荷物を持ってくれたときに妻は「うれしい」と言っているでしょうか。相手が、「ありがとう」や「うれしい」と言わなくても「してくれて当然」と思っていると、この2つの言葉は絶対に出てきません。そうすると、何も言わなくても、相手は「してくれて当然」と思うことが増える一方になり、だんだんと関係は冷え込んでいきます。そして「してくれて当然」と思っているから、「してくれなかったとき」に腹を立てることになります。「妻だったら、これくらいのことをするのは当たり前だろ！」「夫なら、言わなくてもしてくれるはずじゃないの！」といった言葉が双方から出るようになります。こうして少しずつ夫婦関係は破綻していくのです。

親子関係でも同じです。子どもがお手伝いなどちょっとでも役に立つことをしてくれたら、「ありがとう」「うれしい」という言葉を積極的に使いましょう。さらにいえば、当たり前のことにも、この2つの言葉を使うのです。たとえば、子どもが朝ちゃんと起きてきたら「今日も元気に起きてくれて、お母さんはうれしいわ」と言ってみるのです。究極の言い方をすると、子どもが生きていてくれるだけでも「ありがとう」「うれしい」と、ときどき言ってみるのです。

実は、「ありがとう」や「うれしい」という言葉が言えない人は、素直に他者に甘えられない人なのです。素直に他者に甘えられないということは、その人がそれまでの人生で他者に甘えられた経験に乏しいからです。他者に甘えられた経験が乏しいから、「ありがとう」や「うれしい」といった言葉が自然と出てこないのです。

受刑者のなかには、「一度も言ったことがない」という者もいました。「ありのままの自分」を受け止めてもらった経験に乏しいだけに無理もないことです。彼らは、人に受け入れられることの喜びを知らないから、人とつながれないのです。そういう人に「『ありがとう』や『うれしい』という言葉を使いなさい」と指示・命令することは実に酷なことです。最初に必要なことは、そういう人に温かく接してあげることです。温かい人間的な触れ合いを感じることで、はじめて喜びの感情は生まれてきます。処罰ではなく、ケアが必要なのはここでも当てはまります。

問題が起きるのは、相手から思ったような反応が返ってこなかったときです。そういうとき人は、容易に「怒り」の感情を出してしまいます。

先日、駅の待ち合わせ場所で、ちょっとした男女間のトラブルを見かけました。女子大生でしょうか、おそらく30分くらい待たされていたようで、すごくイライラしていました。大慌てで遅れてやってきた男性に対して、彼女は「なんでこんなに待たせるのよ！　連絡してきてよ！　いつも待たせてばかり。あんたなんか大嫌い！」とすごい剣幕で男性に怒りをぶつけていました。最初は申し訳なさそうにしていた男性も、彼女のあまりの言葉にさすがに腹を立ててしまい、大喧嘩に発展していきました。これは一例にすぎませんが、基本的に怒りの感情を出して人間関係が良くなることはあり得ません。

実は、「怒り」の感情の奥底には、自分を受け入れてもらっていない（＝愛されていない）「寂しさ・悲しさ」といった感情があるのです。とくに日本人は「寂しい」という感情を出すことが苦手なようです。寂しいという感情をうまく出せないと、怒りの感情に変わります。この女子大生の場合、怒りの表現ではなく、「30分も待たされて寂しかった」「いつも待たされてばかりで悲しい」と言えば、相手の男性も心から申し訳なく思うと同時に、彼女に「愛おしさ」さえ覚えるのではないでしょうか。そうすると、男女関係がぐっと深まることは間違いありません。

ちなみに大学のゼミなどでこの話をすると「そんなこと絶対に言えません」と多くの女子学生が答えます。理由を問うと、「分からないけど、とにかくそんなことは絶対言えない」とか「恥ずかしいから」と言います。「絶対できない」と言う気持ちも分かります。迷惑をかけられた方なのに、「寂しい」とか「悲しい」と言うことが「譲歩」しているような気持ちになるのでしょう。しかし、男女関係や親子関係のように、およそ「愛」のうえに成り立っている関係において、「相手が上で自分が下」という考え方を持っていると、人間関係を悪くします。したがって、譲歩すると考えるのではなく、自分の奥底にある素直な気持ちを伝えて、お互いに許し合える対等な関係を築くことを大切にするのです。

自分のことを受け入れてもらったり認めてもらったりしたときは、「ありがとう」「うれしい」と言葉でちゃんと相手に伝えましょう。そして、自分のことを受け入れてもらえなかったり認めてもらえなかったりしたときは「寂しい」「悲しい」といった言葉で自分の気持ちを素直に表現しましょう。

「沈黙は金」という言葉があります。しかし、言葉で言わなくても分かり合える時代は終わりました。黙っていても、相手の気持ちを察することは美徳と考えられてきましたが、今はちゃんと自分の気持ちを言葉で伝えていかないと、良い人間関係はつくれません。

### プチキレの勧め

上記のことと関連しますが、日常生活では、嫌なことがあったりストレスになったりすることがあれば、できるだけため込まないようにして、「しんどさ」をうまく外に出しましょう。これが「プチキレ」の勧めです。要するに、小さく「キレる」のです。実際に言葉に出して、「あんなことを言われてしんどい」「長時間、会議に出ているのはキツい」などと受け止めてくれそうな人に言ってみるのです。もちろん運動でストレスを発散したり1人で適度にお酒を飲んで解消したりすることもいいでしょう。でも、最も良い方法は、自分の話を聞いてくれそうな人にちょっと自分の「しんどさ」を言うことです。言葉に出すと、それにともなって感情も外に出るからです。そうすると、多少なりともスッキリした気持ちになります。誰もいなければ、大声で「バカヤロー」と言うのもいいでしょう。私は車のなかで、ときどき叫んでいます。重要なことは、表現することなのです。

問題は、ちょっとした「しんどさ」だからと思って、それを外に出さずに自分の心のなかにしまい込んでいくことです。チリも積もれば山となります。ちょっとした「しんどさ」があっても、誰にも言わ（え）ず我慢し続けると大きな爆発につながります。犯罪者は人の何倍も我慢を積み重ねてきた人なのです。

上手にストレスを外に出すことが健康的に生きるためには欠かせません。1人でもかまいません。自分の話を聞いてくれる人を持つのです。逆に言えば、自分の話を聞いてくれる人が1人もいないと危険信号です。そういう人は、心を開いて新しい人間関係を築かないといけません。今付き合っている友人でもかまいませんし、職場の同僚でもいいので、「ちょっと話を聞いてくれませんか」と話しかけてみませんか。「これまで人にグチを言ったことがない。いきなり、そんなことを言うのはちょっと……」と言われる人がいるかもしれませんが、そういう人こそ、これまでの人生で自分の悩みや苦しみを言わずに抱え込んできたのではないですか。しんどいときこそ、実は自分の生き方を考えるチャンスなのです。人に心を開くことによって、声をかけられた方も「自分に心を開いてくれている」とうれしく思うものです。こうして人間関係は広がっていくのです。

このことを「ハンモック」を例にあげて説明します。ハンモックとは、ご存じのとおり、2つの木の両端に綱でつり下げる寝床のようなものです。寝床をつり下げる綱が両端にたくさんあって、しかもその綱が強ければ強いほど、ハンモックは安定します。人間関係も同じで、太い綱、すなわち強い人間関係がたくさんあればあるほど、人は安定します。たくさん綱があれば、仮に2、3本切れても、寝床は不安定になりません。しかし、綱が少なくて、しかもそれらが細い綱であれば、とても危なっかしいハンモックになります。

犯罪を起こす人たちは、この綱がとても細く、しかも少ないのです。少なくて細い綱であればあるほど、切れることを恐れるので、必死で綱が切れないようにします。そうすると、綱がいつ切れるかと心配で、心は常に不安定な状態になります。つながっている人が危険な人であっても、孤独になることを恐れるので、その人と離れられなくなります。むしろ危ないからこそ、必死でしがみついてしまうのです。これが、危ない人だと分かっていて、その人と付き合ってしまう心理なのです。人間関係では、心が安定するために、太い綱、すなわち安心して心を開ける人をたくさん持ちたいものです。

## 「子ども」の部分を大切にする

本書で、私は「我慢すること」を問題視してきました。そうは言っても、学校や社会で生活していくためには「我慢すること」は欠かせません。問題は、ずっと我慢し続けていることです。たとえば、学校で勉強する子どもを例に挙げると、授業中も我慢し、休み時間も我慢し、家に帰ると親から勉強のことや言葉遣いや態度などでガミガミ言われて我慢していると、子どもはいつか爆発してしまいます。このことを、大人に置き換えれば、仕事になります。仕事中に我慢できない人はクビになります。だから、授業中や仕事中に「いい我慢」ができるためには、休み時間や自由な時間に「自分を解放すること」が必要なのです。子どもであれば、休み時間に友だちとはしゃいだり、学校が終わったら遊びに出かけたりすることです。家で多少ダラダラしていても、心配することはありません。むしろダラダラしていることは、学校で頑張れるエネルギーを蓄えていることになります。会社員であれば、仕事が終わったら、同僚と飲み会やカラオケで騒いだり、家でくつろいだりすることになるでしょう。そうして、明日も頑張ろうという気持ちになれるのです。要は、しっかり自分の心のなかにある「子ども」の部分を出す場があれば、「いい我慢」ができるのです。

「子ども」の部分というのは、ある意味、本能のようなものです。「遊びたい！」「眠りたい！」「こんな勉強したくない！」「こんな仕事やりたくない！」「あの先生、大嫌い！」「あの上司はうっとうしい！」。いつでも、どこでもこういった言葉を自由に出すことはできませんが、どこかで自分の本音、すなわち「子ども」の部分を出せるから、私たちはちゃんと勉強や仕事ができるのです。「こんな勉強したくない！」「こんな仕事したくない！」と言える場があるから、私たちは勉強も仕事もできるのです。

先にも書きましたが、幼い頃から私たちは「大人の振る舞い」をすることを賞賛されますが、大人の振る舞いをし続けることは抑圧することになります。子どもが「大人の振る舞い」をしていることは要注意と指摘しましたが、大人であっても同じです。「いい大人」でいるための条件は、大人が「子どもっぽさ」を出せる場があることです。

子どもであれ、大人であれ、「子どもっぽさ」を出せる人は、「魅力的な人」という見方ができます。まじめに勉強したり仕事したりする面が「大人」であるとすれば、「子ども」の部分は反対側になるので、その人の「子どもっぽさ」を見ると意外な面を知った気持ちになって親しみを覚えるものです。

アメリカのメジャーリーグで活躍しているイチロー選手は、試合中は「男らしく」プレーに臨んでいますが、ドキュメンタリー番組やコマーシャルなどで「子どもっぽさ」の面を見ると、とても魅力的に映ります。もしイチロー選手が日常生活でも生真面目な態度であると、近寄りがたい雰囲気になるのではないでしょうか。そもそも「男らしさ」を出さないといけない職業の人（スポーツ選手や勝負師など）は、私たちの知らないところで、うまく人に甘えているように思います。人に甘えることによってバランスを取れるから、活躍できるのです。

このように考えると、私たちは「弱さ」を見せることはダメなことと捉えがちですが、そうではなく、「弱さ」は魅力になっているのです。意気がって強く見せようとする人は敬遠したくなります。しかし弱さを出せている人には、自然と人が集まってきます。人は誰もが、幼さや愚かさや欠点を持っています。幼さや愚かさや欠点を自分自身が受け入れていない人は、弱さを見せることは恥ずかしいと思うので、無理をした自分をつくる（演じる）ことになります。そうすると自分自身が疲弊するだけでなく、他者にも無理をしている空気が伝わるので、良い人間関係がつくれません。非行少年や犯罪者は、自分に自信が持てないのに、自分の弱さを隠そうとして、無理をして強がってきた人たちなのです。

大切なことは、幼さや愚かさや欠点といった「弱さ」を自分自身が受け入れていることです。そうすると、自分に無理をしなくなるので、自然な振る舞いができます。他者にも心を開いてくれていることが伝わり、良い人間関係が築けます。

ただ、「弱さ」を使って、他者を支配する人がいるので要注意です。自分の弱さを前面に出して、自分を助けないといけないような「オーラ」を周囲にまきちらす人がいるのです。弱いことを見せつけることによって、他者を自分の思うとおりに動かそうとするのです。リストカットをするような人のなかには、自分を傷付けることによって、他者から注目を集めようとする人がいます。弱さを、人を操るような「武器」にしてはいけません。

自然と出る弱さは、その人にとって「宝物」とさえ言えるでしょう。なぜなら、弱さというものは、意識してつくり出せるものではないからです。今まで生きてきた苦しみ、悲しみや寂しさといったものから、その人の「弱さ」が生まれてきたのです。その人だけが持っている固有の「財産」と言えるでしょう。そして、その財産は、人とつながるためには欠かせないものなのです。

## 「ありのままの自分」をうまく出せる人こそ「強い人」

受刑者に「『強い人』とはどんな人でしょうか」と質問すると、たいてい「我慢できる人」「自分の信念を貫ける人」「最後まで粘り強くやり遂げる人」といった答えが返ってきます。しかし、「我慢できること」は大切ですが、それだけだと爆発してしまいます。「自分の信念を貫けること」も大切ですが、別の見方をすると、他者の意見を聞こうとしない頑固な性格とも言えます。「最後まで粘り強くやり遂げる」はりっぱなことではありますが、人の援助を求めないで何事も自分1人で抱え込んでしまう危うさがあります。一般的には肯定される価値観も、角度を変えてみると、問題となる側面があるものです。要するに、絶対的に正しい価値観や絶対的に誤った価値観など存在しないということです。物事は見方を変えれば、長所にも短所にもなるということです。

以上に述べたことから考えると、「ありのままの自分」をうまく出せる人こそ「強い人」と言えるでしょう。「ありのままの自分」とは、泣きたいときには涙を流し、うれしいときには心から喜べる人です。平たく言えば、自分の感情に素直になれることです。泣きたいときに笑っている人は、強い人ではありません。強がっている人です。

しかし、自分の感情に素直になれるということが、簡単なようでいて、難しいのです。なぜなら、すでに述べたように、私たちは「しっかりしたしつけ」を受けているからです。したがって、私たちは知らないうちにどのような価値観を取り入れて、いつから素直さを出せなくなっているのかに気づく必要があります。気づくことから、少しずつ自分の感情を素直に出せるようにするのです。

## 「人に頼ること」を大切にする

第1章の冒頭に、私は2つの接触事故を起こしたことを書きました。確かに私の不注意が原因なのですが、本文中にも書いたように、不注意になっていたこと自体にも原因があったのです。つまり私の心のなかに、提出間際になって不十分な卒業論文を書いてきた学生に対する不満や、当日に控えている大学の長い会議があることに対する暗い気持ちがあったわけです。こうしたネガティブな気持ちを誰にも言わず、引きずっていたことが不注意となって事故を起こす結果を招いたとも言えます。したがって、自分自身のケアを考えると、心のなかにある嫌な気持ちを吐き出すことが必要なのです。誰かに嫌な気持ちを聴いてもらえるだけで、すっきりした気分になって、気持ちを切り替えることができます。だから、自分の話をしっかり聴いてくれる人が必要なのです。「ありのままの自分」になるための条件は、ありのままの自分を出せる人間関係を築いていることになります。

本書のタイトルは「反省させると犯罪者になります」という非常に過激なものです。一般的な常識を覆すような内容となっているだけに、本書を読んで反発される方も多いと思います。そんなとき、たとえ何百、何千、何万という人が反発したとしても、私にとって1人でもいいので、私の味方になって私が書いた内容を受け止めてくれる人がいてくれることが大切なのです。「あなたのような考え方をする人が1人でもこの世にいることが大切なのよ」と言ってくれる人が存在することが、「私の命」を救ってくれるのです。

繰り返しになりますが、人は皆、本当に弱い生き物です。弱いからこそ、人に頼らないと生きていけません。私は、受刑者の更生支援を念頭に置いて、本書を書きました。受刑者にとって刑務所は、「ありのままの自分」を出しにくい場です。下手な出し方をすると、懲罰といって、規律違反とみなされてしまいます。しかし、自分に無理して強がって生きてきた受刑者にとって、今までの考え方や価値観を見直したうえで、「ありのままの自分」としての生き方を学び、人に頼っていく方法を身に付けないと容易に再犯ということになってしまいます。私は再犯しないための最大の条件は「人に頼ること」だと確信しています。そのためには、受刑者にとって、「ありのままの自分」を出せる「場」をつくっていくことは喫緊の課題と考えます。

さらにいえば、「ありのままの自分」を出せる場は、刑務所だけでなく、学校や家庭にも確保されないといけません。携帯電話やパソコンなどの飛躍的な技術の進歩がある一方で、直接人と人とが触れ合って、人とつながる生き方の大切さが薄れてきているのではないでしょうか。しかし技術の進歩はモノに頼る生き方につながっているように思います。そうであるならば、私たちはいつか必ず大きなツケを払わされることになるでしょう。

# あとがき

犯罪を起こした者に対する刑罰は年々厳しくなっています。受刑者のなかで最も凶悪な犯罪を起こした者は無期懲役受刑者です。最後に、無期懲役受刑者を例に、いかに厳罰化が進んでいるかを簡単に説明したいと思います。

そもそも無期懲役刑とは、刑期が終身にわたるもの、すなわち受刑者が死亡するまでその刑を科するというものです。ならば死ぬまで刑務所に入っていなければならないのかというと、そうではなく、刑法28条では無期刑の受刑者にも仮釈放によって社会に復帰できる可能性が認められています。

仮釈放を許可される条件は、刑の執行開始後10年が経過することと、当該受刑者に「改悛の状」があることの2つです。これを読むと、「たった10年で社会に戻ってくるのか。甘いな」と思われるかもしれませんが、現状はまったく違います。仮釈放が許可された無期懲役受刑者の平均受刑在所期間は長期化しており、２００7年に31年10ヶ月と初めて30年を超え、２０１１年は35年２ヶ月となっています（法務省、「無期刑の執行状況及び無期刑受刑者に係る仮釈放の運用状況について」２０１２年）。２００２年の平均在所期間は23・５年ですから、この10年間で10年以上も期間が延びています。

また、無期懲役受刑者の数をみると、２００２年は１１５２人だったのが、２０１１年には１８１２人と、この10年間で１・６倍に増加しています。必然的に受刑者の高齢化も進みますから、この10年間で獄死した無期懲役受刑者は１４７名にものぼります。一方、仮釈放を許可された無期懲役受刑者は、この10年間で延べ76人となっていて、死亡した無期懲役受刑者の数を下回っています。無期懲役受刑者は、社会に復帰するよりも刑務所のなかで死亡する方が多いのです。日本には終身刑という刑罰はありませんが、無期懲役刑は今や実質的に終身刑となっていると言っても過言ではありません。

こうした厳罰化の傾向は少年のケースにも当てはまります。２０１２年になって、法務省は２つのことを検討していることが分かりました。一つは、少年院を刑務所並みに厳格化する規定を作るというものです（２０１２年５月29日付産経新聞）。これは、少年院での脱走事件が過去５年で８件相次いで起きたことがきっかけで、開放的な処遇を特徴としていた少年院でも、脱走の再発防止のために、金網のフェンスを登りにくく改善するとともに、一部の施設では逃走を感知するセンサーを設置するというのです。院内でも、監視態勢を強化するために、少年に対して毅然とした態度で指導するなど職務規定を新たに定めています。もう一つは、少年法そのものの厳罰化です。罪を犯した少年に対して言い渡せる有期刑を最長で15年としている少年法の規定について、「成人と比べて軽すぎる」との市民からの指摘を受けて、年数を引き上げるというものです（2012年8月24日付朝日新聞）。

こうした厳罰化の傾向に、被害者感情が影響しているのは言うまでもありません。被害者の立場になれば当然のことです。ただ、事実を見れば、日本の少年や成人による殺人事件の件数は、先進国のなかでは断トツに低く、一向に増加していません。言い方は悪いですが、日本人は「人を殺さないこと」で有名なのです。しかも日本は殺人未遂も殺人件数としてカウントしています。こうした事実があるにもかかわらず、刑罰は重くなる一方です。

もちろん私も被害者感情が分からないわけではありません。ここで私の本音も記しておきます。基本的に、私は厳罰化の方向には反対です。理由は、重い罰を与えても人は良くならないどころか、悪くなるばかりだからです。しかし仮に私が被害者の立場になり、私にとって大切な人が殺されたら、おそらく私は加害者を殺したいと思うでしょう。時間が経過し自分の環境が変わったりするとどうなるか分かりませんが、少なくとも事件直後は加害者に死んでほしいと思うに違いありません。ずるいと思われるかもしれませんが、支援者の立場と被害者の立場をいっしょにして論じることは不可能です。分かりやすく言えば、私は自分にとって大切な人を殺害した犯罪者の支援をすることは絶対にできません。加害者に対する憎しみを抱いたまま、その人を支援することなどとうていできないからです。結局、支援者の立場と、被害者の立場は個々に議論するしかないのです。自己矛盾していることを認めたうえで、私は今後も受刑者の支援をしていきたいと考えています。

そのうえで、私が危惧していることは、厳罰化の傾向が社会の雰囲気全体までも変えていかないかということです。悪いことをした者は厳しく反省させなければならないといった風潮が、家庭や学校、そして社会全体にまで広がっていくことを懸念しています。私たちは、学校であれ、会社であれ、何らかの形で「組織」に属して生活しています。ある一つの組織で問題が起きると、他の組織にまで一気に危機感が伝わり、その組織に関連のあるすべての組織が厳しい管理や規則の下に置かれることになりかねません。そうなることによって、私たちの日常生活が息苦しいものになることを恐れるのです。

本書を書いているとき、ある新聞記事がちょうど目に止まりました。阪神タイガースのエースである能見篤史投手など数々のプロ野球選手が輩出した大阪ガスの野球部員（OBを含む）が、高校野球や競馬で賭博を繰り返していたというのです（2012年9月1日付産経新聞）。私が注目したのは謝罪会見の内容でした。記事によると、野球部の稲村栄一部長は「部員の多くが甲子園球児。自分たちが青春をかけたものを自ら汚してしまった」と沈痛な表情を浮かべ、賭博行為について「犯罪という認識がない部員もおり、大変反省している（傍点筆者）」と述べています。最後に、ある女性社員が「自分たちの中で一番大事にしている野球で賭け事をするなんてショック…。しっかりと反省してプレーで挽回してほしい（傍点筆者）」と話しています。

この謝罪会見の「犯罪という認識がない」という部長の言葉から、会見後部長は部員に対して「お前たちは法を犯すような行為をやったのだ。これからは厳しく自分を律しろ」と厳しく叱責する様子が容易に想像できます。次に、女性社員の話からは、もちろん激励の意味も込められているのでしょうけれど、「深く謝罪する気持ちを持つこと」を部員が求められていることが理解できます。不祥事が起きたときは、こうした謝罪会見になるのは無理もありません。今後、野球部員は、皆からのプレッシャーの目にさらされながら、自分の欲求を抑えて、ストイックに頑張ることになるでしょう。なぜ賭博行為を始めることになったのか、自分の内面をみつめることもなく……。

本書を読めば理解していただけるように、私なら問題を起こした部員に反省を求めません。最初に反省させてはいけないのです。まずは事実を明らかにすることから始めます。賭博行為はいつ頃から始まったのか、その頃のチーム状態はどうだったのか、野球部員に練習のストレスや成績が上がらない辛さといったものはなかったのか、などをみていきます。もし1人がきっかけで賭博が始まったのなら、その誘いを受けた者はなぜ断れなかったのか（断ると人が離れていくという「寂しさ」や「恐怖感」があることを確認する）、そして最初の1人はどうして賭博という法に触れるような行為を「必要」としたのかを、その部員といっしょに考えていきます。賭博行為が「犯罪という認識がなかった」ということは、賭博行為をする以前に、その部員は賭け事が普通の人以上に好きだったことが仮説として立てられます。そうすると、賭け事というギャンブルに「依存」する過程（そのときは、寂しさや辛さをギャンブルをすることでまぎらわしている〔＝助けてもらっている〕こと）に結びつくかもしれません。彼の寂しさや辛さに共感してあげる支援者が存在して、彼が寂しさや辛さを告白するところから本当の反省が始まります。
繰り返します。問題行動が出たときはチャンスなのです。ピンチに変えてはいけません。対外的に謝罪をしないと世間が納得しない気持ちも分かりますが、問題行動を起こした者をただ反省させて、いっそうの厳しさを求めるという方法はそろそろ止めませんか。そうでないと、私たちの住む世界はますます犯罪者や心の病を持つ人を増やすばかりになるように思えてなりません。本書がきっかけとなって、厳罰化以外の新たな道が開けていくことを期待したいと思います。

本書は、刑務所における受刑者の更生を支援する現場から生まれたものです。さまざまな背景をもった受刑者に対して支援をするのは大変なことですが、なかには私の経験と理解の不足のために、受刑者から逆に「説教」されることが何度かありました。「ここ（刑務所）では、本音なんて言えませんよ。下手なことを言って何かあったら先生が責任を取ってくれるのですか」「私が犯した事件は過去のこととは関係ありませんよ。中学生や高校生ならともかく、私は成人なんですよ」「先生も一度覚醒剤を使ってみたら、わしらの気持ちも分かりますよ」や「先生の言っていることはキレイごとですよ」といった厳しい意見や批判を受けることもありました。正直に言って気持ちが沈むことも何度かありましたが、彼らが言ったことは私にはみえていなかった事実や彼らの奥底にある心情に気づくきっかけを与えてくれました。そして、何より彼らの発言のなかにこそ彼らの「本音」があるのです。彼らとの信頼関係を築きながら、本音を掘り下げていくことによって、反省させないことが更生に至る近道であることが明確になりました。彼らが本音を語ってくれなければ、本書は生まれませんでした。本音を語ってくれたすべての受刑者に感謝したいと思います。

最後になりましたが、本書を出版するに当たり、新潮社の編集部の皆さまに心から感謝を申し上げます。実は、私は本書をできるならば新潮社から出版したかったのです。理由は2つあります。第一に、美達大和の最初の著書を出版したのが新潮社だったからです。美達は『私はなぜ刑務所を出ないのか　無期懲役囚、20年の省察』（扶桑社　2012年）のなかで、最初の著書である『人を殺すとはどういうことか　長期LB級刑務所・殺人犯の告白』を出版する経緯に触れています。美達は、何のアポもなく、直接手書きの原稿を新潮社に送ったのです。なぜ美達が新潮社を選んだのか理由は書かれていませんでしたが、無期懲役受刑者という、凶悪な犯罪を起こした受刑者が書いた原稿が突然送られてきたとき、編集部の方々がどれほど驚かれたことかは容易に想像できます。被害者感情が高まるなか、無期懲役受刑者の書いたものを世に問うに当たり、当然ながら批判が出ることは予想されたでしょう。編集部の方々には相当の苦悩があったと察します。それでもなお、受刑者の実態を世に知らしめることの意義を見抜き、出版を決断されたことに私は賞賛の思いさえ抱きました。今でも、書店で美達の著書を見つけたときの驚きが忘れられません。それだけに、無期懲役受刑者をはじめ殺人事件を起こした受刑者の更生を支援してきた側として、私は新潮社に対する熱い思いがあったことを隠しません。私も美達同様、直接編集部に電話をかけ、原稿を送付する許可を得ました。すると編集部からすぐに連絡があり、編集部の横手大輔氏が京都まで来られ、いろいろと話し合うなかで本書が誕生したのです。

２つ目の理由は、美達の意見に反論をしたかったことです。確かに美達の言うように受刑者の大半は反省をしていません。しかし、本書で述べたように、支援者側のスタンスや刑務所の体制を変えることによって、受刑者は反省していくのです。問題は、皆が「悪いことをしたのだから反省させるのが当たり前」と考えているところにあるのです。

この価値観が変わるだけでも、刑務官や外部の支援者による指導内容が変わり、1人でも多くの受刑者が更生していく可能性が生まれます。「人は変われる」という実感を受刑者に与えれば、更生への道を歩み出す受刑者は確実に増えていきます。1人の受刑者の更生が、次の受刑者の更生へと広がるのです。今は圧倒的に少数にすぎない更生の意欲を持った受刑者が「多数派」に転じれば、犯罪は激減することが期待できます。このことを、新潮社を通じて世に問いたかったことが私の偽らざる本音です。

本書の刊行を快く引き受けてくださった新潮社の後藤裕二氏、ならびに横手大輔氏には、校正から編集、出版に至るまで、大変お世話になりました。貴重な意見をいただいたことによって、私自身、反省と更生についてさらに深く考える機会を持つことができ、本書の内容にも深みが出ました。この場を借りて、心よりお礼を申し上げます。また、受刑者を支援するに当たり、多くの方々からご指導いただきました。とくに奈良少年刑務所で教育専門官を務めている竹下三隆先生には多くのご助言を賜りました。時間を惜しまず熱心に指導してくださった先生に深謝いたします。

２０１３年４月

岡本茂樹

岡本茂樹　1958（昭和33）年兵庫県生まれ。立命館大学産業社会学部教授。中高の英語教員を務めた後、武庫川女子大学大学院臨床教育学研究科博士課程を修了。臨床教育学博士。

Ⓢ新潮新書

520

反省《はんせい》させると犯罪者《はんざいしゃ》になります

著　者　岡本茂樹《おかもとしげき》

2013年5月20日　発行
2024年4月10日　22刷

発行者　佐　藤　隆　信

発行所　株式会社新潮社

〒162-8711　東京都新宿区矢来町71番地
編集部(03)3266-5430　読者係(03)3266-5111
http://www.shinchosha.co.jp

印刷所　錦明印刷株式会社

製本所　錦明印刷株式会社


ISBN978-4-10-610520-3　C0236

価格はカバーに表示してあります。

## 新潮新書

659
# いい子に育てると犯罪者になります
岡本茂樹

親の言うことをよく聞く「いい子」は危ない。自分の感情を表に出さず、親の期待する役割を演じ続け、無理を重ねているからだ――。矯正教育の知見で「子育ての常識」をひっくり返す。

373
# 死刑絶対肯定論
無期懲役囚の主張
美達大和

哀しい事実だが、極悪犯罪者のほとんどは反省しない。彼らに真の反省を促すために、「執行猶予付き死刑」を導入せよ――。現役受刑者が塀の内側から放つ、圧倒的にリアルな量刑論。

766
# 発達障害と少年犯罪
田淵俊彦
NNNドキュメント取材班

負の連鎖を断ち切るためには何が必要なのか。矯正施設、加害少年、彼らを支援する精神科医、特別支援教育の現場などを徹底取材。敢えてタブーに切り込み、問題解決の方策を提示する。

1026
# 日本一の農業県はどこか
農業の通信簿
山口亮子

県別の農業産出額を農業関連予算で割って「コスパ」を算出しランキング化。浮かび上がった最強農業県は意外なところだった――。さまざまな指標から読み解く各県農業の真の実力。

1024
# メンタル脳
アンデシュ・ハンセン
マッツ・ヴェンブラード
久山葉子訳

現代人のメンタルは「史上最悪」――中でも若年層の問題は世界的に深刻だ。脳科学による処方箋がベストセラーとなった『ストレス脳』からあらゆる世代に向けて生まれた〈心の取説〉。

Ⓢ新潮新書

515
# 経営センスの論理
楠木建

「よい会社」には戦略に骨太な論理＝ストーリーがあり、そこにこそ「経営センス」が現れる——。ベストセラー『ストーリーとしての競争戦略』の著者が語る「経営の骨法」。

1018
# 貧乏ピッツァ
ヤマザキマリ

極貧の時代を救ったピッツァ、トマト大好きイタリア人、世界一美味しい意外な日本の飲料、亡き母の思い出のアップルパイ……食の記憶と共に溢れ出す人生のシーンを描く極上エッセイ。

510
# 人間はいろいろな問題についてどう考えていけば良いのか
森博嗣

難しい局面を招いているのは「具体的思考」だった。本質を摑み、自由で楽しい明日にする「抽象的思考」を養うには？　一生つかえる「考えるヒント」を超人気作家が大公開。

901
# 自衛隊最高幹部が語る令和の国防
岩田清文　武居智久
尾上定正　兼原信克

台湾有事は現実の懸念であり、尖閣諸島や沖縄も戦場になるかも知れない——。陸海空の自衛隊から「平成の名将」が集結、軍人の常識で語り尽くした「今そこにある危機」。

985
# 山本由伸 常識を変える投球術
中島大輔

肘は曲げない、筋トレはしない、スライダーは自ら封印……。「規格外れ」の投手が球界最高峰の選手に上り詰めた理由は何なのか。野球を知り尽くしたライターが徹底解読する。